GAME ON!

DIE VERRÜCKTE WELT DES DARTS

ELMAR PAULKE

GAME ON!
DIE VERRÜCKTE WELT DES DARTS

Edel Books
Ein Verlag der Edel Germany GmbH

© 2016 Edel Germany GmbH,
Neumühlen 17, 22763 Hamburg
www.edel.com

2. Auflage 2016

Projektkoordination: Dr. Marten Brandt
Lektorat: Ronit Jariv
Umschlagfoto: SPORT1
Fotos Bildstrecke:
Privatarchiv Elmar Paulke, außer
PDC Europe / Stefan Straßenburg: S. 1, 2, 3 o., 4 o., 7 o.,
Picture alliance / Jan Haas: S. 16 u.
SPORT1: S. 10 o., 11, 12, 13, 14, 15
Layout und Satz: Datagrafix GmbH
Umschlaggestaltung und Layout Bildstrecke: Groothuis. Gesellschaft
der Ideen und Passionen mbH | www.groothuis.de
Druck und Bindung: optimal media GmbH, Glienholzweg 7, 17207
Röbel / Müritz

Alle Rechte vorbehalten. All rights reserved. Das Werk darf – auch
teilweise – nur mit Genehmigung des Verlages wiedergegeben werden.

Printed in Germany

ISBN 978-3-8419-0480-5

Inhaltsverzeichnis

Vorwort **6**

Strip-Darts für Anfänger **7**

Kapitel 1: Faszination Darts **11**

Kapitel 2: Let The Games Begin **23**

Kapitel 3: Wozu hat man Experten? **33**

Kapitel 4: Turnieralltag – hinter den Kulissen der European Tour **49**

Kapitel 5: Mentalsport Darts – Erfolg beginnt im Kopf **69**

Kapitel 6: Geschichte(n) – Darts gestern, heute und morgen **89**

Kapitel 7: Presse, Profis, Preisgelder **109**

Kapitel 8: There's Only One Phil Taylor **121**

Kapitel 9: Darts mit Promis **129**

Kapitel 10: Road To Ally Pally **139**

Check-out **189**

Vorwort MVG:

Darts hat in Deutschland eine beeindruckende Entwicklung genommen. Ich habe das hautnah miterlebt, weil ich kaum ein European Tour Event in den letzten Jahren in Deutschland ausgelassen und ein paar ja auch gewonnen habe. Sobald du Turniere gewinnst, bekommen sie einen besonderen Platz in deinem Herzen. Weil bei uns in den Niederlanden der Darts-Boom rund 15 Jahre früher eingesetzt hat, sind wir verständlicherweise den Deutschen noch ein, zwei Schritte voraus. Ich glaube, dass Darts in Deutschland noch mehr Potential hat und könnte mir vorstellen, dass in ein, zwei Jahren auch ein Premier League Spieltag nach Deutschland kommt. Die Erfahrung, die wir mit der Premier League in Rotterdam gemacht haben, war fantastisch.

Elmar und ich kennen uns nicht nur seit einigen Jahren, zwischen uns ist längst eine Freundschaft entstanden. Neben den großen TV-Turnieren treffen wir uns vor allem bei Turnieren der PDC Europe. Wir haben in der Vergangenheit auch ein paar Exhibitions zusammen gemacht. 2015, im Vorfeld des German Darts Masters in München zum Beispiel, oder 2016 auf der ISPO, der internationalen Fachmesse für Sportartikel, gemeinsam mit Max Hopp. Elmar hat einen großen Anteil daran, dass Darts in Deutschland so gewachsen ist. Dafür bin ich ihm sehr dankbar.

Ich selber bin ja eher zufällig zum Darts gekommen, weil ich einfach an einem Schulturnier teilnahm und es gleich gewann. Der erste Pokal meines Lebens hat mich motiviert, viele, viele Stunden am Board zu verbringen, und das bereits in jungen Jahren. *Game On* befasst sich ja auch mit der Faszination Darts. Es ist tatsächlich ein Sport, der dich infiziert und dann nicht mehr loslässt.

Ich möchte Elmar zu *Game On* gratulieren.

Habt viel Spaß beim Lesen!

Michael van Gerwen

Strip-Darts für Anfänger

Es war kein ehrlich gemeintes Lächeln. Eher ein mitleidiges. So, als hätte ich in meiner beruflichen Laufbahn gerade einen herben Rückschlag erfahren. „Ach, du kommentierst ab jetzt Darts. O.k. Ist das Sport?" Diese Frage habe ich oft gehört – sie war immer rhetorisch, die Antwort „nein" schon vorausgesetzt. Und auch das Lächeln habe ich jahrelang in den Gesichtern vieler Kollegen gesehen. Sogar in den Gesichtern vieler SPORT1-Kollegen. Sie machten sich lustig über die Bäuche, die Tattoos der Spieler. Über den Abstand von albernen 2,37 m. Über die bierselige Stimmung bei den Events, über die Spitznamen. Letztlich über alles, was The Power, Dennis The Menace, Darts Vader, One Dart, The Tripod, The Artist und die anderen damaligen Topspieler so machten. Am Ende machten sie sich auch über mich lustig. Oder waren sie vielleicht pikiert, weil ich mit der Kommentierung eines Dartsevents die Ehre des Sportjournalismus infrage stellte? Nach dem Motto: Darf einer, der Darts kommentiert, sich eigentlich Sportreporter nennen? TV-Journalisten sind manchmal sehr eitel.

Alles begann im August 2004, als ich von meinem Arbeitgeber Deutsches SportFernsehen gefragt wurde, ob ich mir vorstellen könne, Darts zu kommentieren. Der Bereichsleiter Sports, Piet Krebs, kam damals auf mich zu. Haifischen, Billard und Poker waren auch noch in der Verlosung. Haifischen ist kein Witz. Da sind Hochseeangler mit ihren kleinen Bötchen unterwegs und angeln Haie. Das sollte kommentiert werden. Bis da am Ende mal ein paar Fische am Haken hängen, vergehen Minuten. Ich wusste relativ schnell, dass ich nicht Haifischen kommentieren wollte. Das DSF hatte ein großes TV-Rechtepaket der Firma Matchroom eingekauft, wollte neue Sportarten ausprobieren und suchte Kommentatoren. Da wurden zunächst mal festangestellte Mitarbeiter gefragt. Die verursachen keine Extrakosten. Ich kommentierte zu diesem Zeitpunkt ausschließlich Tennis.

Darts? Ich hatte als Student der Kölner Sporthochschule im Wohnzimmer meiner Zweizimmerwohnung ein Dartboard hängen. Das muss 1994 gewesen sein. Ein Jim-Pike-Board aus Schweinsborsten. Es gab auf der Venloer Straße in Köln Ehrenfeld, in meiner Nachbarschaft, tatsächlich einen kleinen Laden, der neben Angelequipment und Messern auch ein paar Darts und dieses Dartboard hatte. Keine Ahnung, warum ich mir damals ein Board kaufte. Woran ich mich allerdings noch gut erinnere, sind die legendären Dartsabende bei mir zu Hause. Die hatten nichts mit irgendeiner Übertragung aus England zu tun oder mit professionellem Darts. Das waren lustige und nicht immer ganz nüchterne Veranstaltungen unter Freunden und Studienkameraden. Eine davon fand irgendwann an einem warmen Sommerabend nach einem Tag am Baggersee statt. Einige Mädels und wahrscheinlich auch ein paar Typen in der Runde taten sich derart schwer, das Board zu treffen, dass ziemlich schnell ein wildes Lochmuster die Tapete zierte. Ich bin mir nicht mehr ganz sicher, aber es könnte mein Vorschlag gewesen sein, die Regel einzuführen, dass bei jedem Nichttreffen der Scheibe ein Kleidungsstück abgelegt werden müsse ...

Köln Ehrenfeld war Anfang der 90er-Jahre ein eher heruntergekommener Stadtteil. Das rotbraune Mehrfamilienhaus uns gegenüber in der Hansemannstraße hatte einen zwielichtigen Ruf. Je länger unser Match dauerte, desto mehr Köpfe schauten aus den Fenstern dieses angeblichen Stundenhotels in meine Wohnung. Das war uns erst später aufgefallen. Vielleicht hielten sie uns ja für ein konkurrierendes Etablissement. Dieser Strip-Darts-Abend, der auf meine Nachbarn womöglich wie ein Vorläufer der SPORT1-Sexy-Clips wirkte, endete dann aber doch eher unspektakulär. Petra F. aus

D. warf den letzten Dart oben ohne. Ich durfte meine Badehose und das T-Shirt anbehalten, weil ich trotz der einen oder anderen Kaltschale das Ziel nie aus den Augen verlor.

Ob dieser Abend ausschlaggebend war für meine Zusage zehn Jahre später? Wohl kaum. Das waren schon eher die vielen Stunden, die ich im Vorfeld der Weltmeisterschaft 2005 mit Olaf Nies verbrachte, der sich redlich bemühte, mir Darts zu erklären. Olaf war kein herausragender, aber ein guter Dartsspieler, der sich auch mit der internationalen Dartsszene beschäftigt hatte. Er brachte Videos von Weltmeisterschaften mit, wir durchstöberten das Internet nach legendären Momenten, und ich fuhr zu einem Spieltag der Darts-Bundesliga des Deutschen Dart Verbands (DDV). Es war ein Spieltag der Bundesliga-Süd, irgendwo südlich von Frankfurt. Ich war mit der damaligen DDV-Präsidentin Elke Unterberg verabredet. Besonders schmuckvoll war der Austragungsort nicht: zehn Boards, eine kleine Bar, circa 40 Leute insgesamt, kaum Zuschauer. Rauchen war erlaubt, aber die Fenster zu öffnen war wegen der entstehenden Luftbewegung verboten. Das alles hatte nichts mit dem zu tun, was ich bis dahin auf den Videos aus England gesehen hatte. Als Zuschauer stand ich in der zweiten oder dritten Reihe. So richtig viel erkennen konnte ich nicht. Aber ich hörte den Kommentaren, den Geschichten zu. Mir ging es damals vor allem darum, ein Gefühl für Darts zu bekommen. Eher ein Gespür für die Leute als für das Spiel. Matches wurden beendet, Partien an der Theke nachbesprochen. Es waren diese typischen Gespräche, wie sie im Sport überall vorkommen. Spieler erzählten detailliert von Verläufen einzelner Legs – mit vielen Konjunktiven der Marke „Wenn ich die Doppel-8 getroffen hätte, dann wäre der Gegner wahrscheinlich zusammengebrochen und das Match hätte sich in eine ganz andere Richtung bewegt". Darts wurden verglichen, neue Flights ausprobiert, über unterschiedliches Gewicht der Darts gefachsimpelt. Ich konnte die Begeisterung, die mir überall entgegenkam, überhaupt nicht teilen. Ich merkte nur, dass dieser Sport alle in diesem Laden berührte. Er bedeutete ihnen enorm viel. Und das wiederum berührte mich. Woher kommt diese Faszination? Das wollte ich herausfinden. Noch auf der Rückfahrt nach München rief ich Piet Krebs an, um ihm mitzuteilen, dass ich die Darts-Weltmeisterschaft 2005 kommentieren würde.

Kapitel 1
Faszination Darts

Suchtfaktor Darts

Seit Jahren steigen in Deutschland die TV-Einschaltquoten von Dartsübertragungen. Knapp zwei Millionen Zuschauer sahen in der Spitze das WM-Finale 2016, bei dem Gary Anderson im legendären Alexandra Palace seinen Titel verteidigte. Das ZDF berichtete im *Heute Journal*, ARD, RTL, SAT1, ProSieben sendeten Beiträge. Sogar die *Süddeutsche Zeitung* nimmt inzwischen von den Herren van Gerwen, Taylor, Anderson und Co. Notiz; bei der *Frankfurter Allgemeine Zeitung* sind sie schon länger Thema – genau wie in der *ZEIT*, der *Welt* und natürlich der *BILD*. Die Medienwelt hat das Interesse des Zuschauers und Lesers an Darts längst erkannt – teilweise allerdings, ohne das Phänomen wirklich verstanden zu haben. Redakteure starten Selbstversuche und scheitern an der Erklärung, warum sie selber danach immer wieder bei einer Dartsübertragung einschalten. Sie reiben sich zu sehr an Nebensächlichkeiten: am Übergewicht vieler Spieler, an der Oktoberfestatmosphäre, die ihrer Meinung nach nicht zu einem Sportevent passt. Sie weigern sich, Darts als Sport anzuerkennen. Doch es sitzen immer mehr Zuschauer vor den Bildschirmen, wenn eine 180 auf die nächste folgt und die Fans mit ihren Gesängen im Phil-Taylor-Wonderland taumeln. Dieses Interesse kann keine Sportredaktion mehr ignorieren. Und das ist gut so. Ich weiß aus eigener Erfahrung, dass man eine Weile braucht, um Darts zu verstehen. Auch ich habe mich in der Anfangszeit durchaus manchmal gefragt, wieso ich dickbäuchigen, tätowierten Männern dabei zusehen soll, wie sie kurze Pfeile über eine kurze Distanz auf eine Zielscheibe von 45 cm Durchmesser werfen. Und das stundenlang. Was bewegt Tausende von Zuschauer, derart ausgelassen auf ein Dartsmatch zu reagieren? Warum hat Darts den Weg aus der Kneipe, aus dem eigenen Hobbyraum auf eine 50 m große Bühne geschafft? Und ins Fernsehen!

Ist Darts Sport?

Darts unter Wettkampfbedingungen ist nicht vergleichbar mit ein paar Pfeilwürfen am heimischen Board. Knapp 30 Jahre lang kämpfte der Deutsche Dart Verband um die offizielle Anerkennung seines Spiels. Ist Darts Sport? Ich kenne diese Frage aus zahlreichen Diskussionen. Jeder aktive Spieler in Deutschland hat sich damit wohl schon auseinandersetzen und wahrscheinlich auch für seinen Sport rechtfertigen müssen. Ich empfinde es inzwischen als leidige Diskussion, weil immer nur diejenigen daran zweifeln, die sich mit Darts nicht wirklich beschäftigt haben. Sie sehen es nicht als Sport an, einen Pfeil über eine Distanz von 2,37 m zu werfen. Das sehe ich isoliert betrachtet übrigens ähnlich. Ist Schach Sport? Andere Präzisions- oder Denksportarten kennen diese Kontroverse um die Anerkennung ihres Sports ebenfalls. Das Internationale Olympische Komitee (IOC) bezeichnet das Kartenspiel Bridge als Sport. Sport ist nicht leicht zu definieren, weil die Grenzen unscharf sind. Es gibt Leute, die sagen, dass die Abgrenzung von allgemeinen Bewegungsformen entscheidend ist. Die Wurfbewegung ist keine allgemeine Bewegungsform, sie ist antrainiert. Unabhängig davon wird Darts im Wettkampf ausgetragen, auch ein entscheidender Faktor, wenn es um die Definition von Sport geht.

Darts ist Sport. Gerade im professionellen Bereich genügt Darts vom mentalen Aspekt her höchsten Ansprüchen. Es ist die Verquickung von drei großen Herausforderungen: der Kampf eins gegen eins, das zielgenaue Agieren unter höchstem mentalen Druck, die Ausübung eines Konzentrationssports vor einer lautstarken Kulisse. Auch der Deutsche Olympische Sportbund (DOSB) erklärte Darts im Dezember 2010 mit der Aufnahme des Deutschen Dart Verbands zum Sport. Ende der Diskussion.

Willkommen in Germany

Selbst Werner von Moltke, der heutige Chef der Professional Darts Corporation (PDC) Europe, dem deutschen Ableger des britischen Profi-Dartsverbands, brauchte Zeit, um sich dem Thema anzunähern. Ende 2005 verbrachte er die Weihnachtsferien mit seiner Familie im Skiurlaub. Weil die Kinder noch klein waren, blieb Familie von Moltke abends häufig im angemieteten Apartment. Im TV lief die Darts-WM: Wayne Mardle „Hawaii 501" war drauf und dran, den letzten Schritt in seiner Karriere zu gehen, er spielte sein drittes WM-Halbfinale in Folge. Dieses Match zwischen Mardle und Phil Taylor gab für von Moltke den Ausschlag, solch ein Event nach Deutschland zu holen. Mardle führte 4:3 in Sätzen, 2:0 in Legs. Taylor kam wieder ran. Es ging in den Entscheidungssatz. Und wie so oft hatte The Power am Ende die ruhigere Hand. Er versenkte den Match-Dart in der Doppel-20 und hörte gar nicht mehr auf, sich über den Sieg zu freuen. Es war eine Nervenschlacht. Ein brutaler Kampf Mann gegen Mann.

Vier Monate später, im April 2006, war Taylor zum ersten Mal seit 1993 wieder in Deutschland und gewann das erste „Meet The Power"-Event von München. Es war ein Turnier frei nach dem Motto: Phil Taylor gegen den Rest der Welt. Werner von Moltke hatte das Thema Darts nicht mehr losgelassen, obwohl es komplettes Neuland für ihn war. Er nahm diesen Sport ernst. Er war der Erste in Deutschland, der für ein Dartsturnier Eintritt kassierte. Davon hatten ihm die deutschen Spieler und viele Insider abgeraten. Sie alle glaubten nicht an die Stärke, an die Faszination ihres Sports. „Meet The Power" war ein Erfolg. Es war der Beginn von großen Dartsveranstaltungen in good old Germany, wie man sie bis dahin nur via TV aus Großbritannien kannte.

Perfektion auf acht Millimetern

So simpel das Spiel von seinen Regeln her ist, man benötigt Zeit, um sich in seinen Bann ziehen zu lassen. Darts ist viel mehr als 501 Punkte auf Null zu bringen oder drei Pfeile pro Aufnahme zu schmeißen. Es geht nicht nur um das Treffen von 8 mm schmalen Treble- oder Doppelfeldern. Es geht schon eher darum, sie dann zu treffen, wenn der Gegner sie nicht trifft, wenn er Fehler begeht. Es geht um höchsten mentalen Druck, wie er im Sport nur selten vorkommt, weil die Wurfbewegung so kurz und schnörkellos ist. Das mag widersprüchlich klingen, aber wenn die Hauptaktion lediglich das Beugen und Strecken des Arms ist, ergänzt durch einen letzten Impuls aus dem Handgelenk, dann besteht kaum Zeit und Gelegenheit, den Bewegungsablauf zu korrigieren. Kann ich beim Fußball vorübergehend mein fehlendes Gefühl durch erhöhte Laufbereitschaft wettmachen, bleibt mir bei Darts fast nichts anderes übrig, als es beim nächsten Mal einfach besser zu machen. Es sind kleinste, minimale Veränderungen, die die Darts perfekt ins Ziel steuern sollen. Golfspieler kennen diese Problematik. Auch sie haben nur diesen einen Schwung, diesen einen Versuch, der gelingen muss, wenn sich Erfolg einstellen soll. Nicht grundlos reden die Engländer beim Darts vom Golf der Arbeiterklasse.

Was es für den Dartsspieler im mentalen Bereich noch schwieriger macht – auch das mag verwundern –, sind die jeweils nahezu identischen äußeren Gegebenheiten beim Match. Auf der einen Seite vereinfachen sie das Spiel, weil man sich nicht umstellen muss. Auf der anderen haben sie zur Folge, dass Niederlagen nur einen Schuldigen kennen: den Spieler selbst. Du kannst nichts und niemanden für dein Versagen verantwortlich machen. An jedem Spielort dieser Welt hängt der Board-Mittelpunkt 1,73 m hoch. Bei jedem Profiturnier wird penibel auf die Ausleuchtung und die korrekte Lichtstärke am Board geachtet. Kein Dart darf auf dem Board einen Schatten werfen, da Spieler in der Kürze der Zeit Probleme haben könnten zu erkennen, wo genau ihr Spielgerät steckt. Jede minimale Luftbewegung ist ein No-Go, sie verändert die Flugbahn der Darts. Klimaanlagen müssen ausgeschaltet sein. Solche im Regelwerk der PDC festgehaltenen Vorgaben meinen es eigentlich gut mit den Spielern. Nur Ausreden lassen diese Regeln nicht zu. Erst in Formkrisen erkennt man, wie brutal Darts ist. Es gibt eine Reihe von Profis, die innerhalb von ein, zwei Jahren abgeschmiert sind. Hungrige Spieler im besten Alter wie Paul Nicholson oder Wes Newton. Eben noch standen sie in den Top 10, und plötzlich spielen sie keine Rolle mehr.

Wer Darts auf diesem Niveau spielt, nimmt es letztlich mit der Perfektion auf. Ein Kampf, den du bekanntlich nicht gewinnen kannst.

Das Fatale ist, dass es trotzdem immer wieder kurze perfekte Momente gibt: bei jeder 180, wenn alle drei Darts in diesem 8 mm schmalen Feld stecken. Oder eben beim perfekten Spiel, dem 9-Darter. Wer mit neun Darts 501 Punkte auf Null bringt, schreibt Geschichte. Neun Darts sind mindestens vonnöten, um ein Leg zu checken. Klingt einfach, gelingt jedoch nur den Allerbesten und macht dich zum Helden. Perfekte Momente lassen dich zudem immer wieder ans Board zurückkehren. Spieler erzählen häufig von einer Sucht, trainieren zu müssen, besonders nach großartigen Momenten. Der Wunsch nach Perfektion treibt an. Wer die Vollkommenheit einmal erlebt, will sie ein weiteres Mal erreichen. Und das geht dem Hobbyspieler nicht anders. Das Gefühl „ich kann es diesmal besser machen als eben" kennen alle. Jede einzelne 180 motiviert den Kneipenspieler, weiter Darts zu spielen, besser zu werden. Und sie lässt kurz vergessen, dass der nächste Moment des Versagens schon im Hintergrund lauert. Darts ist schwieriger, als es den Anschein macht. Das ist tückisch und faszinierend zugleich.

Präzision vs. Party

Für den Zuschauer ist die Faszination Darts ein Mix aus verschiedenen Komponenten: Sport, Party, Fußballgesänge, Genauigkeit, Verkleidung und ein nicht unwesentlicher Teil Ausgelassenheit und Selbstironie. Das macht übrigens auch den Reiz aus, solch einen Wettkampf im Fernsehen zu kommentieren. Auch wenn an allererster Stelle immer der Sport stehen muss: Du kannst und darfst den Rhythmus dieser Veranstaltung leben. Diesen Kontrast zwischen Präzision und Ausgelassenheit, zwischen Historie und Hype, zwischen kleinstem Ziel und großer Kulisse, zwischen Konzentration und Karneval. Darts ist bunt. Darts kommt ohne Hightech aus. Die Pfeile von heute sind letztlich immer noch mit den Holzpfeilen von vor 100 Jahren vergleichbar. Darts bietet so viele Geschichten auch abseits des Boards. Und es hat außergewöhnliche, extrem lautstarke Zuschauer, die ein wichtiger, aktiver Teil der Show sind. Das ist mit Sicherheit ein Geheimnis des Erfolgs von Dartsevents. Die PDC, der Profi-Dartsverband, hat das früh erkannt. Sie bietet dem Zuschauer bewusst eine Bühne und baut dadurch eine besondere Verbindung zwischen Fan und Event auf. Ich habe mich in den letzten Jahren nach einem langen Turniertag oft mit Zuschauern unterhalten, die nicht nur von Taylor, MVG und Co. erzählten, sondern auch von sich selbst, ihren Kostümen und wie die Idee zum Kostüm entstand. Dartsfans sorgen nicht nur für den Jubel, den Applaus, die Buhrufe und die Gesänge, sie werden gekürt für besonders gelungene Outfits oder die witzigste Zeile auf dem 180er-Pappschild. Vielleicht fühlt sich der Zuschauer dadurch auch irgendwie in der Pflicht, für gute Stimmung zu sorgen, und womöglich herrscht deshalb auf Dartsevents diese einzigartige Atmosphäre, die mit keiner anderen Veranstaltung vergleichbar ist, auch mit keiner anderen Sportveranstaltung.

Es beginnt mit den Walk-on-Liedern der Spieler, die gerade von Topstars wie Phil Taylor, Michael van Gerwen, Gary Anderson, Raymond van Barneveld oder Peter Wright perfekt inszeniert sind, mit aufwendiger Lichtshow, einprägsamen Melodien und einem Master of Ceremonies, der stimmgewaltig die Spieler auf die Bühne holt. Und später wird jede einzelne 180 gefeiert, als wäre es die Erste, vielleicht auch die Letzte. Sollte es wegen fehlender Genauigkeit am Oche ein bisschen zäh werden, starten Dartsfans ihr eigenes Fest: „Stand up if you love the darts" – das ist für jeden unter den paar Tausend Fans die Verpflichtung, sich zu erheben und mitzusingen. Ganze Zuschauerblöcke beginnen plötzlich in Richtung anderer Tribünen zu rufen. Oder sie grölen wie so oft im Taylor-Wonderland: „There's only one Phil Taylor ..." Es gab Matches vom 16-maligen Weltmeister Phil „The Power" Taylor, bei denen pausenlos dieses Lied gesungen wurde. Vor ein paar Jahren in Düsseldorf zum Beispiel: 20, 25 Minuten lang, immer wieder in Schleife „There's only one Phil Taylor ..." auf die Melodie von „Winter Wonderland".

Interessanterweise nehmen Spieler diese Gesänge vor allem dann wahr, wenn es im Match nicht wie gewünscht läuft. Wenn es ihnen schwerfällt, sich nur auf sich und das eigene Spiel zu konzentrieren. Die ausgelassene Party von kostümierten, alkoholisierten, singenden Fans mitten in einer Präzisionssport-Veranstaltung ist verrückt und einzigartig. Für einen Golf- oder Tennisspieler wäre es absolut undenkbar, bei dieser Geräuschkulisse eine Topleistung abzurufen. Für einen Schützen oder Snookerspieler ebenfalls. Beim Darts funktioniert das. Da wird das Verhalten der Fans nicht nur geduldet, sondern ist sogar erwünscht. Zwar bitten Schiedsrichter immer mal wieder um Ruhe, aber meistens ohne Erfolg. Und den größten Fehler, den du als Spieler begehen kannst, ist dich mit den Fans anzulegen. Wenn eine Gruppe von 10.000 Menschen plötzlich gegen dich ist, dich ausbuht oder, noch schlimmer, auspfeift, dann ist die Gefahr ziemlich groß, dass du auf der Bühne mental einbrichst. Irgendwann nimmt die Publikumsreaktion Einfluss auf dein Spiel und leitet damit die Niederlage ein.

Vorbild Großbritannien und Niederlande

Deutsche Dartsfans machen auf Veranstaltungen der European Tour häufig das nach, was sie von TV-Übertragungen der Profiturniere aus England kennen. Sie kopieren zu großen Teilen das Verhalten des englischen Publikums, was überhaupt nicht schlimm ist. Darts hat in Großbritannien eine ganz andere Tradition. Seit den frühen 1980er-Jahren sind Dartsevents dort auch Quotenhits für TV-Sender. Das WM-Finale von 1983 erzielte die bis heute höchste TV-Einschaltquote in der Geschichte der Sportart Darts: Über zehn Millionen Zuschauer verfolgten in der Spitze die BBC-Übertragung zwischen der Nummer eins der Welt, Eric Bristow, und Keith Deller, dem ersten Qualifikanten, der es jemals in ein WM-Finale schaffte und so begeisterte, dass selbst Bristows Vater damals heimlich gegen den eigenen Sohn auf ihn wettete. Und Deller gelang der Coup: Er gewann den Titel mit einem legendären 138er-Finish.

Als ich 1999 für das Deutsche SportFernsehen beim Tennisturnier von Wimbledon die Interviews führte, es war das Abschiedsjahr von Steffi Graf und Boris Becker, wartete ich 14 Tage lang unter anderem mit einem niederländischen Kollegen auf die verschiedensten Gesprächspartner. Das war die Zeit von Agassi und Sampras. Ein Roger Federer lief noch mit der Trommel um den Weihnachtsbaum, Angelique Kerber war gerade mal elf. Dieser Job im Interviewroom bestand vor allem aus Warten. Das sind elend lange Tage. Die ersten Matches beginnen am Vormittag, die letzten Partien enden am Abend mit Eintritt der Dunkelheit. Du wartest also den ganzen Tag, um etwa zehn Interviews von jeweils drei, vier Minuten zu führen. Wir haben damals viele Stunden einfach untätig herumgesessen und kamen natürlich ins Quatschen. Der Kollege aus Holland erzählte irgendwann von unglaublichen Einschaltquoten, die sie mit Darts erzielen würden. Das konnte ich überhaupt nicht glauben. Ich zweifelte an seinem Englisch und dachte, der bringt irgendwas durcheinander. Er meinte wahrscheinlich ein paar Hunderttausend Zuschauer, redete aber von ein paar Millionen. Doch er hatte natürlich Recht. Das war der Beginn der großen Zeit von Raymond van Barneveld. Die Niederlande erlebten Ende der 1990er-Jahre einen ähnlichen Boom wie die Briten Anfang der 1980er. Als Barney 1998 zum ersten Mal Weltmeister wurde, warteten 15.000 Fans am Flughafen Schiphol in Amsterdam auf ihn. Die Einladung ins Königshaus folgte prompt. (Später wurde van Barneveld sogar zum Ritter geschlagen und ist seitdem ein offizielles Mitglied des Königshauses.) Acht Jahre danach, 2006, verfolgen im Schnitt sieben Millionen Niederländer das WM-Finale zwischen Raymond van Barneveld und dem 21 Jahre jungen Jelle Klaasen. Bei 15 Millionen Einwohnern entspricht das einem Marktanteil von deutlich über 50 Prozent – Einschaltquoten wie bei einem Spiel der Fußballnationalmannschaft während einer Europa- oder Weltmeisterschaft. Die Niederlande sind also längst vom Dartsvirus infiziert, und es steht die Frage im Raum, ob eine ähnliche Entwicklung in Deutschland möglich wäre. Was passiert, wenn ein Max Hopp das WM-Finale gegen Phil Taylor spielt? Van Barneveld selbst spricht immer wieder vom Barney-Faktor, den Deutschland braucht.

Darts ist etwas ganz Besonderes, auch wenn der Laie das zunächst nicht erkennt. Wer sich mit diesem Sport ein wenig befasst, ist irgendwann angefixt. Als Spieler, weil immer die Hoffnung lebt, die nächste Aufnahme könnte besser sein als die letzte. Als Zuschauer, weil es ein Wettkampf eins gegen eins ist, weil es schnell ist, weil es laut ist, weil es puristisch, weil es anders ist, vielleicht auch weil es unmodern, eigentlich nicht zeitgemäß ist. Und dazu passen dann auch die Hauptdarsteller, die Spieler. Ihr äußeres Erscheinungsbild entspricht nicht den Helden unserer Zeit. Sie sind nicht zurechtgemacht oder gestylt. Dartsprofis wollen keinen Glamour versprühen, das passt nicht zu ihnen. Sie sind echt, stehen mit beiden Füßen auf dem Boden. Sie wissen, wo sie herkommen, und sind stolz darauf: aus der Arbeiterklasse. Das gilt tatsächlich für alle Profis, auch für den 16-maligen Weltmeister Phil „The Power" Taylor, den erfolgreichsten Dartsspieler aller Zeiten. Er ist durch seinen Sport zum Multimillionär geworden und dennoch seiner Welt treu geblieben. Der Fan spürt das und empfindet dadurch eine enorm hohe Identifikation. Viel intensiver, weil realistischer als bei den Cristiano Ronaldos dieser Welt. Professionelle Dartsspieler sind im wahrsten Sinne des Wortes Volkshelden.

Kapitel 2
Let The Games Begin

Das war kein Sprung ins kalte Wasser, sondern eine richtige Arschbombe. 19. Dezember 2004: Die allererste Dartsübertragung in der Geschichte des Deutschen Sport Fernsehens (DSF) stand an. Bis zu diesem Sonntag hatte ich kein einziges Profi-Dartsmatch live gesehen. Ich kannte weder den Austragungsort, die Circus Tavern, noch war ich zuvor bei irgendeiner Veranstaltung der Professional Darts Corporation (PDC) gewesen. Und plötzlich durfte ich die Zuschauer durch die Darts-Weltmeisterschaft 2005 führen. Ein Turnier mit 48 Teilnehmern, das mit 300.000 Pfund dotiert war. Ich kannte keinen der Spieler persönlich, hatte mit niemandem im Vorfeld sprechen können. Einzig der Kontakt zur PDC bestand. Matt Porter, inzwischen seit vielen Jahren die rechte Hand von PDC-Chef Barry Hearn, fungierte damals noch als Ansprechpartner für die Medien. Die Turnierinformationen waren rar. Für die britischen Kollegen war so eine Darts-WM ja nichts Ungewöhnliches. Darts ist in Großbritannien seit Anfang der 1980er-Jahre ein wichtiges Thema. Für den Profiverband PDC, der Anfang der 1990er-Jahre gegründet wurde, war es die zwölfte WM-Auflage. Dass da einer bei null beginnt, konnten die Verantwortlichen nicht wirklich nachvollziehen. Phil Taylor, Peter Manley, Colin Lloyd waren für sie seit Jahren große Nummern. Für mich nicht. Natürlich kannte ich den WM-Modus, den Spielplan, doch am Ende ging es mir nicht viel anders als den meisten TV-Zuschauern.

Das erste Match, das wir übertrugen, war die Partie zwischen James Wade und Mark „Top Banana" Holden. Wade, inzwischen bei acht Major-Siegen angekommen, galt zu dieser Zeit als hoffnungsvolles Talent, war gerade 20 Jahre jung. Dass Holden damals an der sogenannten Dartitis litt, wusste ich nicht. Dartitis ist eine Art Yips des Darts, eine Nervenkrankheit, bei der Spieler das Öffnen der Hand nicht mehr kontrollieren können. Er gewann das Match dennoch, und Wade erzählte mir mal Jahre später, dass es eine der bittersten Niederlagen in seiner Karriere war, weil alle schon im Vorfeld sagten: „Gegen einen Holden mit diesen Problemen kannst du nicht verlieren." Wade konnte. Er verlor 0:3 in den Sätzen. Wir waren live dabei und hatten trotzdem keinen blassen Schimmer von dem Drama, das sich vor unseren Augen abspielte.

Live auf Sendung

Es soll ja immer noch Zuschauer geben, die der Annahme sind, Reporter wären bei jedem Event, das sie kommentieren, live vor Ort. Das ist längst nicht mehr der Fall. Seit Anfang der 90er-Jahre sparen Fernsehsender immer häufiger an Produktionskosten und lassen ihr Redaktionsteam in Deutschland. Sie greifen ein sogenanntes Worldfeed ab, das von einer anderen TV-Station produziert wird – bei Profi-Dartsturnieren der PDC seit Gründung des Verbands sind es die Bilder von Sky Sports England. Da die Darts-WM 2005 nur ein Testlauf für das DSF war, kommentierten wir alles aus der kleinen Kommentatorenkabine in der Sendeabwicklung in Ismaning. Ein ziemlich grauer Raum, drei mal zwei Meter groß, ausgestattet mit zwei Monitoren, zwei Headsets und einem Computer. Der eine Monitor zeigte das Bild, das aus England gesendet wurde, der andere das DSF-Programm inklusive grafischen Einblendungen und Werbung. Darts über einen Monitor zu kommentieren, ist generell gar nicht das Problem. Das machst du auch, wenn du mitten in der Halle sitzt, da man nie erkennen kann, wo exakt die Darts im Board stecken. Man muss Darts also über das Fernsehbild kommentieren. Aber wenn man nie bei einem Turnier war, kein Gefühl für die Lautstärke, die Atmosphäre hat, dann fällt es schwer, dem Zuschauer dieses Event vorzuleben.

Wenn ein Sender mit dem Einkauf von TV-Rechten in eine komplett neue Welt eintaucht, besteht das Problem, dass der Zuschauer erschlagen wird von all dem, was für ihn neu ist. Es geht nicht nur darum, die Faszination des Sports zu erklären, sondern auch Spielregeln und Turniermodus. Fachbegriffe müssen etabliert werden. Was sind Legs? Wann ist ein Set beendet? Und warum wird die Distanz mit Turnierverlauf immer länger? Wer sich noch nie mit Darts beschäftigt hat, lernt zudem in viel zu kurzer Zeit 48 neue Spieler kennen. Das überfordert. Wer ist Favorit? Auf wen lohnt es sich, besonders zu achten? Wir mussten den Zuschauern Hilfen an die Hand geben, damit sie sich besser orientieren konnten.

Ich hatte mir natürlich in der Vorbereitung viele Videos angesehen. Matches von Phil Taylor, zahlreiche Partien aus den 80er-Jahren, von denen mir bei der Recherche immer wieder erzählt wurde. Da hießen die Dartshelden noch Eric Bristow, John Lowe, Bob Anderson, Jocky Wilson. Ich war bemüht, mir Gesichter, Eigenarten einzuprägen. Ich versuchte, die Spieler über ihre Lebensläufe kennenzulernen. Mir war klar, dass ich dem Zuschauer durch Geschichten abseits des Dartboards helfen würde, sich die vielen neuen Köpfe besser einzuprägen. Warum läuft Wayne Mardle in einem Hawaii-Hemd rum? Wann merkte der Stallbursche Colin Lloyd, dass eine Profikarriere für ihn infrage kam? Oder John Part, der am 180. Tag des Jahres 1966 geboren wurde und von Kanada aus zu den Turnieren in Großbritannien „pendelt". Die Recherche war damals mühsam, weil nicht jeder Spieler eine eigene Homepage oder einen eigenen Wikipedia-Eintrag hatte. Da hat sich in den letzten zehn Jahren eine Menge getan. Ich suchte nach diesen Informationen, aus denen man eine Geschichte entwickeln kann. Teilweise habe ich Kleinigkeiten auch erfunden, damit die Storys einen Sinn ergaben. Oder ich erfuhr erst später die Wahrheit hinter häufig erzählten Anekdoten. So wurde die wahre Geschichte über die Entstehung des Spitznamens vom späteren SPORT1-Dartsexperten Roland Scholten immer falsch wiedergegeben. Er war ja als „The Tripod" unterwegs, das Stativ. Es hieß, dass er diesen Spitznamen erhalten habe, weil er ziemlich aufrecht beim Wurf stand. Erst Jahre später erzählte mir Rolands Trauzeuge, der Caller George Noble, was es mit diesem Namen tatsächlich auf sich hat. Noble selbst hatte ihm den Spitznamen verliehen. Es ging in Wahrheit, nun ja, um Rolands Geschlechtsteil. George Noble befand, dass es angesichts des Ausmaßes auch als drittes Bein fungieren könnte. Daher also das dreibeinige Stativ, das ja auch in Scholtens Logo integriert wurde.

Dietmar Ernst

Es gab noch eine Schwierigkeit, mit der ich bei dieser ersten Darts-Weltmeisterschaft besonders schwer zu kämpfen hatte: die Rechnerei. Das hohe Tempo, die vielen verschiedenen Wege, die die Spieler gehen, um 501 Punkte auf Null zu bringen. Mir war schnell klar, dass ich kurzfristig keine Chance haben würde, mir das anzueignen. Profispieler rechnen ja irgendwann nicht mehr, sie haben durch jahrelange Erfahrung Schablonen im Kopf abgelegt, die sie sekundenschnell abrufen. Sie wissen einfach, dass sie bei 78 Punkten Rest Treble-18, Doppel-12 spielen. Und bei 141 Punkten Treble-20, Treble-19, Doppel-12. Der Vorgang ist automatisiert, so wie man auch beim Abbiegen ohne nachzudenken den Blinker setzt. Ich dagegen stand ganz schön auf dem Schlauch. Aber wofür hat man schließlich Experten?

Dietmar Ernst, ursprünglich Hausmeister aus Bochum und damaliger Teammanager des Deutschen Dartverbands, war die entscheidende Stütze an meiner Seite. Er hatte zwar mit dem Profiverband PDC nicht viel am Hut, verfolgte aber die internationale Szene seit den 80er-Jahren, war auf vielen Turnieren in England vor Ort und begleitete als Teammanager die deutsche Nationalmannschaft auf Turnierreisen. Dietmar erklärte den Zuschauern und teilweise auch mir das Spiel. Er rechnete laut mit, verdeutlichte den Sinn eines gerade gewählten Weges. Er kannte sich mit der Geschichte der

Sportart Darts aus, wusste eine Menge über die Produktion von Dartsequipment. Sein Dartswissen war breit gestreut, und das war wichtig, weil wir über 30 Stunden von diesem Event berichteten und ich mich immer wieder gefragt hatte, wie wir die Zeit sinnvoll füllen könnten. Dennoch, einen wichtigen Aspekt bediente Dietmar Ernst nicht: Er war und ist kein Profispieler, er hat nie auf einer Bühne mit TV-Kameras gestanden, hat nie gegen die Taylors dieser Welt gespielt. Das war letztlich der Grund, weshalb wir ein paar Jahre später Roland Scholten verpflichteten. Für diese erste WM 2005 spielte das jedoch keine Rolle.

Mail-in-Aktion

Weil wir als Redaktion im Dezember 2004 davon ausgingen, dass sich die wenigsten Zuschauer mit Darts auskannten, integrierten wir von Beginn an ein Element in unsere Berichterstattung, das sich sofort bewährte: unsere Mail-in-Aktion. Der Zuschauer konnte uns über darts@dsf.de Fragen stellen. Zur damaligen Zeit war das keine Selbstverständlichkeit. Soziale Medien wie Facebook, Instagram oder Twitter gab es noch nicht. Und ähnlich wie bei der TV-Einschaltquote hatten wir überhaupt keine Ahnung oder Erwartung, was uns erwarten würde. Die Zuschauer nahmen diese Interaktion dankend an. Teilweise glühten förmlich die Drähte. So gingen mal 18.000 E-Mails an einem einzigen Abend ein. Wenn die Weltmeisterschaft in die entscheidende Phase ging, erreichten uns so viele E-Mails, dass es für mich unmöglich war, sie alle zu lesen. Wir pickten in den Werbepausen völlig wahllos einzelne Fragen heraus. Und Ende 2011 waren tatsächlich die Fragen der Mail-In-Aktion der Grund, weshalb ich Antworten in schriftlicher Form geben wollte. Ich schrieb mein erstes Dartsbuch: *Darts. Die Erde – eine Scheibe*, ein Sachbuch über den Dartsport.

Das Gute an dieser E-Mail-Aktion war, dass wir immer wieder vor Augen geführt bekamen, wie wenig Ahnung viele Zuschauer von Darts hatten. Wenn man stundenlang von einem Event berichtet, ist die Gefahr groß, dass man beim Zuschauer zu viel Wissen voraussetzt. Immer und immer wieder haben wir deshalb Dartsregeln erklärt und den eingefleischten Dartsfan in den Wahnsinn getrieben, weil er sich diese Erklärungen irgendwann nicht mehr anhören konnte. Bei der Übertragung einer unbekannten Sportart musst du das jedoch in Kauf nehmen. Es geht vor allem darum, neue Zuschauer für die Übertragung zu gewinnen, wissend dass Dartsfans wegen einer inhaltlichen Wiederholung des Reporters niemals abschalten werden. Dafür lieben sie ihren Sport zu sehr. Man darf auch nicht vergessen: Für die Dartsszene war es damals der absolute Knaller, dass in dieser Ausführlichkeit von ihrem Sport berichtet wurde. Das hatte es ja nie zuvor im deutschen Fernsehen gegeben. In den 80er- und 90er-Jahre handelten Darts-Verrückte noch mit Videokassetten von Übertragungen aus Großbritannien. Die waren irgendwann so abgenudelt, dass die Darts vor lauter Gekrissel kaum noch zu erkennen waren. Da existierte tatsächlich so eine Art Schwarzmarkt. Vor diesem Hintergrund begann mit der Übertragung der WM 2005 für Darts-Deutschland eine neue Zeitrechnung.

WM 2005

Die Rollenverteilung am Kommentatorenplatz war klar: Dietmar Ernst kannte sich aus, Elmar nicht. Und so stellte Elmar während der Übertragung viele Fragen. Fragen, die wohl auch die meisten Zuschauer beschäftigten. Es war ein Herantasten an einen neuen Sport, der vom ersten Übertragungstag an eine überraschend gute Einschaltquote hatte. 300.000 Zuschauer sahen sich WM-Tag eins im Schnitt an, das war sensationell. Vor Beginn der Weltmeisterschaft hatte niemand im Hause DSF eine echte Prognose bezüglich der Einschaltquote gewagt. Erwartungen waren also nicht vorhanden, die Freude dafür umso größer. Und die Quote konnte im Verlauf des Turniers sogar noch gesteigert werden. Das Finale am 3. Januar 2005 zwischen Phil Taylor und Mark Dudbridge sahen durchschnittlich 540.000 Zuschauer. Für einen Spartensender, der zum ersten Mal von einer Randsportart ohne deutsche Beteiligung berichtete, war das sehr bemerkenswert. Eine Quote bei der traditionelle Sportarten wie Handball, Basketball oder Tennis im Normalfall nicht mithalten können.

Die Dartsszene hatte auch damals jede Menge Charaktere, unverwechselbare Typen wie Peter Manley, Wayne Mardle, Dennis Priestley, Kevin Painter, Colin Lloyd oder eben den Gott Phil Taylor. Und zwei der ganz Großen spielten ihre allerletzte Weltmeisterschaft: Keith Deller und John Lowe. Deller hat seit seinem WM-Sieg 1983 seinen Platz in den Geschichtsbüchern sicher, weil er der Erste war, der die Weltmeisterschaft aus der Qualifikation gewann. Lowe prägte die ersten rund 15 Jahren im Profi-Darts. Er ist dreimaliger Weltmeister, spielte seine 28. WM in Folge. Es gab keine WM-Partie von John Lowe, die nicht im TV übertragen wurde. Wir hatten also die wunderbare Gelegenheit, eine der Legenden des Darts zu verabschieden. Und was machten wir? Wir stiegen einfach aus. Die nackten Mädels von den Sexy-Clips warteten. Es war kurz vor 24 Uhr, Lowe kämpfte gegen den Kanadier John Verwey, es ging in den Tiebreak des entscheidenden Satzes, und wir waren raus. Das war ein Stich ins Herz jedes Dartsfans. Wir haben damals böse E-Mails erhalten. „Wie könnt ihr das machen?" Wir konnten, weil wir, ehrlich gesagt, wenig wussten. John Lowe war unserem Sendungsleiter überhaupt kein Begriff. „Old Stoneface", das war sein Spitzname, verlor 2:3 – und damit hatten wir Lowes WM-Abschied verpasst.

Phil Taylor gewann die Weltmeisterschaft 2005 sehr souverän. Er gab bis zum Finale insgesamt gerade mal drei Sätze ab und schlug auf dem Weg mit Dennis Priestley und Bob Anderson zwei Weltmeister, zudem im Viertelfinale den Mann, gegen den er ein Jahr zuvor eine unglaubliche Aufholjagd im WM-Finale hingelegt hatte: Kevin Painter. Ich war so sehr mit dem Drumherum beschäftigt, dass ich mich, ehrlich gesagt, kaum an einzelne Matches erinnere, aber Taylors Finalgegner Mark Dudbridge spielte damals die WM seines Lebens und hatte mit der Finalteilnahme für eine große Überraschung gesorgt. Dudbridge traf ich Jahre später bei der European Darts Championship in Mülheim an einem späten Vormittag zufällig mal in der Hotelsauna. „The Flash", ein wirklich witziger Typ, versuchte doch tatsächlich, sich in der Sauna für das Spiel zu akklimatisieren. Kein Witz. Ich war gerade vom Laufen zurück und wollte noch ein wenig relaxen. Er wollte sich auf die hohen Temperaturen auf der Bühne einstellen und hockte sich deshalb vormittags in die Sauna. Das war natürlich kompletter Unsinn. Egal, wir kamen ins Gespräch, und Dudbridge, der sich immer gewundert hatte, weshalb die Leute ihn in Deutschland kannten, erfuhr des Rätsels Lösung: Die WM 2005 war die erste Weltmeisterschaft im deutschen Fernsehen. Leider hat Mark Dudbridge später nie mehr an diese Leistung anknüpfen können.

Kapitel 3
Wozu hat man Experten?

Das DSF bzw. SPORT1 beschäftigte mit Dietmar Ernst, Roland Scholten und Tomas „Shorty Schleifstein" Seyler bis heute insgesamt drei Dartsexperten. Drei ganz unterschiedliche Typen, die aber eines vereint: Sie sind vernarrt in diesen Sport.

Dietmar Ernst war in den 80er- und 90er-Jahren nicht nur in seinem Verein in Bochum sehr aktiv, sondern auch jahrelang maßgeblich an der Organisation der BULLS German Open beteiligt, dem größten internationalen Turnier des Deutschen Dart Verbands (DDV). Er war eine Art Bundestrainer, begleitete lange Zeit die deutsche Nationalmannschaft auf Turniere weltweit. Und außerdem war Dietmar damals noch mit Heike Jenkins verheiratet, der erfolgreichsten deutschen Dartsspielerin überhaupt. Auch mit ihr war er häufig in Großbritannien, wenn sie internationale Turniere spielte. Dietmar Ernst passte perfekt in diese Anfangszeit. Ein eher nüchterner Typ mit trockenem Humor, der die Zuschauer behutsam in den neuen Sport einführte. Er warf nicht übertrieben mit Fachbegriffen um sich, hatte einfach ein gutes Gespür dafür, was man dem Zuschauer zumuten konnte und was nicht. Dennoch muss man sagen: Mit den Sendungen von heute kann man die Dartsübertragungen der ersten Stunde nicht wirklich vergleichen. Wir haben Darts damals nicht gelebt, wir haben es erklärt – und dadurch deutlich weniger zum Event gemacht. Unsere Kommentare hatten anfangs etwas von *Die Sendung mit der Maus*, was in allererster Linie an mir lag. Ich brauchte die ersten Jahre, um mich in das Thema einzuarbeiten. Man kann sich eine Menge Fachwissen anlesen, um den Zuschauer aber in diese neue Welt reinzuziehen, musst du bis zu einem gewissen Grad auch nachempfinden können, was in den Köpfen der Spieler und Fans vorgeht. Darts ist sehr speziell, und es ist wichtig, diese Besonderheit auch emotional zu vermitteln. Ich glaube, das bekommen wir inzwischen ganz gut hin.

Als Hausmeister oder auch als Teammanager hatte Dietmar kaum Erfahrung im Umgang mit den Medien. Das war in den

90er-Jahren noch ganz anders als heute bei der PDC. Es existierte in Deutschland letztlich kein Medieninteresse an Darts. Da stand mal der eine oder andere Artikel in einem Regionalblatt, mehr aber auch nicht. Dietmar war es nicht gewohnt, vor einem Mikrofon zu sitzen. Er war bei den ersten Übertragungen ziemlich nervös und deshalb auch nicht besonders gesprächig. Selten erzählte er in den ersten Tagen aus eigener Initiative, antwortete lieber auf von mir gestellte Fragen. Das war manchmal ein bisschen anstrengend. Ich hatte zudem das Problem, dass ich besondere Situationen im Match noch nicht erkannte und dann logischerweise auch nicht danach fragen konnte.

Plötzlich auf einem Kommentatorenplatz zu sitzen und zu reden, ist gar nicht so einfach. Das unterschätzen viele. Wenn die rote Lampe angeht, gibt es kein Zurück mehr. Du musst nicht nur reden, sondern sollst als Experte auch eine Meinung vertreten, Sachverhalte einordnen. Und: Gesagt ist gesagt. Du kannst dich zwar korrigieren, aber wenn du Quatsch verzapfst, ist der erst mal über den Äther. Den bekommst du dann nicht nur heute im Social-Media-Zeitalter von den Zuschauern um die Ohren gehauen, sondern das war auch schon damals in den verschiedensten Darts-Foren so, wenn auch vielleicht nicht ganz so geballt wie heute.

Zuschauerkritik

Dietmar las regelmäßig, was die Dartsszene so schrieb. Er wollte wissen, was die Insider zu unseren Kommentaren sagte. Da wurde natürlich auch eine Menge Kritik in meine Richtung abgefeuert nach dem Motto: Der Paulke kennt sich nicht aus und erzählt immer wieder denselben Scheiß. Mit dieser Kritik muss man umzugehen lernen, sie ist Teil des Geschäfts. Das haben auch unsere Experten immer wieder zu spüren bekommen. Wer in der Öffentlichkeit arbeitet, wird auch von ihr kritisiert; da braucht es hin und wieder ganz einfach ein dickes Fell. Denn eines sollte nicht passieren: dass Kritik deine Arbeit zu sehr beeinflusst. Kritik lesen und für sich überprüfen ist gut, man darf sie aber nicht zu sehr an sich ranlassen. Übrigens auch nicht die positive Kritik. Shorty hatte in seiner Anfangszeit ziemlich massiv mit Kritik zu kämpfen. Viele Zuschauer bedauerten damals den Weggang von Roland Scholten. Als Tomas „Shorty" Seyler seinen Part übernahm, wurde er am Anfang permanent mit Scholten verglichen. Jeder, der hin und wieder auf Facebook, Twitter und Co. unterwegs ist, weiß, wie harsch Beurteilungen ausfallen können. Das ging nicht selten unter die Gürtellinie und war nicht fair. Und Shorty las alles, meistens sogar während unserer Übertragung. Das ging so weit, dass er sich live im TV rechtfertigte, weil irgendjemand auf Facebook ihm ans Bein gepinkelt hatte. Ich habe ihm damals geraten, die Nachrichten und Kommentare erst nach der Sendung zu lesen, denn während der Übertragung beeinflussten sie seine Art zu kommentieren. Shortys große Stärke liegt in seiner Spontaneität, er ist nicht der große Analytiker. Als er plötzlich begann nachzudenken, ob er dieses oder jenes sagen könne, lief er Gefahr, diese Spontaneität zu verlieren. Als Reporter oder Experte kannst du es nun mal nicht allen recht machen. Gleichgültig, was in Foren oder auf Facebook-Seiten an Kommentaren geschrieben wird: Die Gruppe der kommentarfreudigen Kritiker ist eher klein im Vergleich zu den Zigtausend TV-Zuschauern insgesamt. Gerade Sportarten wie Darts überträgst du ja nicht nur für die Insider, sondern für einige Hunderttausend Zuschauer, die sich nur wenig oder auch gar nicht auskennen. Und nur über die Nicht-Experten verbesserst du die Einschaltquote. Sie sind entscheidend, wenn es darum geht, die Popularität einer kleineren Sportart zu steigern.

Roland „The Tripod" Scholten

Rückblickend kann man festhalten, dass mit Roland Scholten, der ehemaligen Nummer vier der Welt, die Übertragung ganz schön Fahrt aufnahm. Roland „The Tripod" Scholten stammt aus Den Haag, sein niederländischer Akzent war Kult. Darts-Deutschland sprach eine Zeit lang nur noch von „de Drück", „Topps" oder „das ist seine Favorit". Und: „Elmar, haben wir noch Fragen?" Mit Roland hatten wir zum ersten Mal einen Profispieler am Kommentatorenplatz. Einer, der 2004 mit den UK Open sogar ein Major-Turnier gewinnen konnte. In dieser Zeit wussten viele TV-Zuschauer gar nicht, dass es überhaupt Dartsprofis gibt. Deutschland hatte und kannte diese Spezies nicht, und so war Roland eine wunderbare Besetzung. Er konnte dem Zuschauer die Sicht eines Profis erklären, ließ ihn an seiner Gedankenwelt teilhaben. Was heißt es, gegen Taylor zu spielen? Wie fühlt es sich an, auf der Bühne zu stehen, wenn 10.000 Zuschauer den Gegner feiern? Die Beziehung von Phil Taylor und Roland Scholten war deshalb so besonders, weil Roland die schlechteste Bilanz von allen gegen Phil Taylor hat. 25 Mal spielte er gegen ihn, 25 Mal verlor er. Und so machte sich Scholten gern einen Spaß daraus, den jeweiligen Gegner von Taylor anzufeuern. Bei allem Respekt vor dessen Leistung: Er mochte es irgendwie, wenn The Power Probleme bekam, womöglich verlor. Und für mich war Rolands Taylor-Bilanz immer wieder ein gefundenes Fressen, um ihn damit live auf Sendung aufzuziehen, wenn er mir auf die Nerven ging. Das gehörte bei uns zum guten Ton.

2010 folgte Roland Scholten auf Dietmar Ernst. Sein erstes Turnier für SPORT1 war das World Matchplay 2010. Er hatte sich damals für dieses wichtige Turnier nicht qualifizieren können und hatte somit Zeit für uns. Roland war ein komplett anderer Typ als Dietmar. Er hatte bereits in seiner Heimat, in den Niederlanden, und auch in England als TV-Experte gearbeitet. Auch wenn er anfangs Bedenken hatte, dass sein Deutsch nicht gut genug sei, merkte man ihm doch an, dass er kein TV-Rookie war. Er ist jemand, der viel intuitiv macht. Mit seinen Gedanken und Ideen überraschte er nicht nur den Zuschauer, sondern auch mich immer wieder. Wenn in einem Match nicht viel passierte, kam er plötzlich mit Wissensfragen um die Ecke. „Welche Checkout-Zahlen haben nur einen einzigen Weg? Elmar, hier fragt gerade jemand auf Facebook, wer der allererste Weltmeister war? Kommentierst du lieber Tennis oder Darts?" (Ich kommentiere übrigens beides gleich gern.) Und selbstverständlich waren auch Fragen dabei, die ich nicht beantworten konnte. Was Roland umso lustiger fand. Irgendwann wurde dann seine Standardfrage zum Running Gag: „Elmar, haben wir noch Fragen?" Die Zuschauer warteten schon darauf. Teilweise füllten Fans ihre Schnapsgläser und tranken erst, wenn Roland zu dieser Frage ansetzte. Ich bin häufig gefragt worden, ob mir die Frage nicht irgendwann auf den Geist ging? Naja, ehrlich gesagt, nach einer Weile dann schon. Ich fand es ein wenig abgedroschen. Roland war das egal. Er hatte vor allem Freude daran, mir die Frage zu stellen, wenn der Bildschirmschoner über meinem Computermonitor kreiste, ich mir also nicht schnell eine Frage rausgreifen konnte. Beim ersten oder zweiten Mal erklärte ich dem Zuschauer die Situation. Später konnte und wollte ich nicht jedes Mal verraten, dass ich die E-Mails längere Zeit nicht gelesen hatte. Das empfand ich als unhöflich. Roland saß dann grinsend neben mir, und ich redete, was das Zeug hielt, um parallel dazu das komplizierte Computerpasswort des SPORT1-Rechners einzugeben und eingegangene E-Mails zu checken, um dann 40, 50 Sekunden später auch wirklich eine Frage vorlesen zu können. „Elmar, haben wir noch Fragen?", damit werde ich heute noch regelmäßig von Dartsfans begrüßt. Spätestens seit Matthias Schömig aus Stutensee bei der WM 2011 ein Schild mit diesen Worten im Ally Pally hochhielt, und die Kameras von Sky Sports England es in die Welt sendeten, gehört Rolands Frage zu den Annalen des deutschen Darts.

Roland und ich entwickelten irgendwie eine neue Art des Kommentierens. Nicht nur, weil Roland teilweise die Walk-on-Musik mitsang, was für mich gewöhnungsbedürftig war. Wir lebten die Dartsevents, nahmen kein Blatt vor den Mund. Wir konnten uns auch gegenseitig mal einen mitgeben, ohne dass der andere beleidigt war. Roland hat mich oft damit aufgezogen, dass ich ein miserabler Dartsspieler bin. Wenn die Frage eines Zuschauer einging, ob ich auch schon mal eine 180 geworfen hätte, dann antwortete Roland: „Ja, aber mit neun Darts". Im Gegenzug habe ich dann manchmal Aussagen von ihm hinterfragt, die für mich keinen Sinn ergaben. So versuchte Roland mal zu erklären, weshalb es keine Frauen beim Profiverband gibt. Er kam mit Hormonen und weiß der Teufel was an. Da bin ich natürlich reingegrätscht. So interessant die Frage auch ist, niemand kennt den wahren Grund, warum sich bislang keine Frau bei der PDC durchgesetzt hat. Ich auch nicht, Roland Scholten schon gar nicht. Er ist übrigens auch jemand, der sich kaum an eigene Erfolge erinnert. Als wir die UK Open gemeinsam kommentierten und mit ihm ja der UK-Open-Champion 2004 neben mir saß, fragte ich ihn natürlich nach seinem damaligen Finale gegen John Part. Seine Antwort: „Keine Ahnung! Ich erinnere mich überhaupt nicht." Ich hakte nach: „Aber, du musst dich doch an diesen Moment erinnern! Es war der größte Sieg in deiner Karriere!" – „Nein, ehrlich nicht." Und das war tatsächlich so.

O.K. Nächstes Thema.

An diesen kleinen Auseinandersetzungen hatten die Zuschauer, glaube ich, Spaß. Das bekamen wir damals durch die vielen Kommentare und netten E-Mails mit, die uns erreichten. Und so richtig gespürt haben wir es dann in Düsseldorf 2011. Wir übertrugen die European Darts Championship vor Ort. Ein Event, das im Nachhinein ein Meilenstein für Darts in Deutschland war. Zum ersten Mal war ein deutsches Turnier von der Atmosphäre her mit einer

Veranstaltung aus Großbritannien vergleichbar. Auch die britischen Spieler waren begeistert. Der Austragungsort war edel, das Hotel lag gleich am Düsseldorfer Flughafen. Dazu hatte das Maritim-Hotel einen Standard, den Dartsprofis nicht unbedingt gewohnt sind. Kein Pendeln zum Veranstaltungsort, alles in einem Gebäude. Roland und ich kommentierten vier Tage lang aus einer kleinen Kabine im Oberrang. Fans hatten sich Masken aus unseren Fotos gebastelt. Als die Samstagabend-Session vorbei war, sangen knapp 2000 Zuschauer nicht ganz wahrheitsgemäß: „Roland und Elmar sind ein Paar, Roland und Elmar sind ein Paar."

Im Jahr zuvor, als die European Darts Championship noch in der Stadthalle von Dinslaken stattfand, war die Situation ein klein wenig anders gewesen. In der Halle selbst gab es keinen Platz für unsere Kommentatorenbox. Wir mussten uns also in eine kleine Umkleidekabine irgendwo im Gebäude verziehen. Dort saßen wir halb unter der Dusche und kommentierten uns über viele Stunden einen Wolf. Dazu war die Technik grenzwertig. Immer wieder gab es Probleme mit der Kommunikation. Der Leiter der Sendung saß in einem alten Übertragungswagen, und häufig funktionierte die Verbindung einfach nicht. Wir hörten die Kommandos nicht, wenn es in die Werbung gehen sollte. Ich fragte nach, drückte den Knopf an der Kommentatoreneinheit, damit das interne Gespräch nicht beim Fernsehzuschauer landete. Doch an Tag eins ging alles ungefiltert raus, was wir leider viel zu spät erfuhren. Der Zuschauer war also tatsächlich mittendrin statt nur dabei. Und dazu war dieses Wochenende im Juli 2010 ziemlich heiß, die Temperaturen in unserem Kabuff wirklich nicht angenehm. Wenn man zurückdenkt an so ein Turnier, kommen einem auch ganz unwichtige Dinge wieder in den Sinn. Zum Beispiel, dass Roland eine Pause nutzte, um sich beim Italiener ein Eis zu holen, und mit sage und schreibe sieben Kugeln wiederkam. Das war für ihn völlig normal.

Vorbereitungen

Ein Übertragungstag beginnt für mich rund vier Stunden vor Sendungsbeginn. Dann bereite ich mich auf die anstehende Session, die zu kommentierenden Partien vor. Für mich heißt das: Statistiken aktualisieren, die englische Presse lesen, schauen, welche Ergebnisse die Spieler zuletzt hatten, und ob es in der Vergangenheit bereits spektakuläre Duelle zwischen den Gegnern der anstehenden Partien gab. Inzwischen gehört es auch dazu, Twitter- und Facebook-Kommentare zu durchstöbern. Und mit Dave Allen tausche ich mich aus, dem Mediendirektor der PDC. Seit rund zwei Jahren drehen wir im Vorfeld einer Session zusätzlich das ein oder andere Video. Teilweise gebe ich dabei meine Gedanken und Einschätzungen zum jeweiligen Übertragungstag zum Besten, meistens machen Shorty und ich das jedoch gemeinsam in Form eines Interviews. Dabei ist dann so ziemlich alles erlaubt, weil diese Videos vor allem für die sozialen Netzwerke produziert werden. Das darf ruhig etwas schräger und schriller sein. Außerdem gilt die feste Regel: Es gibt keinen zweiten Versuch. Egal, was passiert, wir unterbrechen das Interview nicht, wir ziehen es durch und senden. Und wir sprechen vorher nichts ab. Natürlich hatte das zur Folge, dass wir auch mal Unsinn erzählen und uns während des Gesprächs selber korrigieren. Anfangs erzählte ich Shorty immer wieder mal, was ich ihn gleich fragen würde. Das hatte zur Folge, dass Shorty anfing zu überlegen, was er später im Interview alles sagen wollte, und er dann gleich sämtliche Aspekte in die erste Antwort reinpackte. Shorty ist einfach spontan am besten. Und das meine ich als Kompliment.

Mit Dietmar endete die Vorbereitung auf die anstehende Session nicht selten damit, dass wir kleine Geldbeträge bei einem Online-Anbieter wetteten. Überraschenderweise gewann ich nie. Dietmar schon. Vor allem bei der WM 2008. Das war die erste Weltmeisterschaft im Alexandra Palace, die ungewöhnlich viele

Überraschungen mit sich brachte. Es lief die Viertelfinalsession: ein verrückter Abend, weil in allen vier Partien der Favorit verlor. Phil Taylor schied gegen Wayne Mardle aus, Peter Manley gegen den Qualifikanten Kirk Shepherd, James Wade, die Nummer drei der Setzliste, unterlag John Part, und Adrian Lewis verlor gegen Kevin Painter. Drei dieser vier Matches gingen in den Entscheidungssatz. Und als die letzte Partie des Tages zwischen Taylor und Mardle lief, fragte ich Dietmar irgendwann, ob alles in Ordnung sei, denn er sagte kaum noch was, war irgendwie unruhig. Der Grund: Dietmar hatte auf alle vier Außenseiter gesetzt und das damit kombiniert, dass drei dieser vier Partien erst im letzten Satz entschieden wurden. Sein Einsatz waren ein paar Euro, sein möglicher Gewinn 2500 Euro. Erzählt hatte er mir bis dahin nichts davon. Wenn diese Wette aufging, würde er an diesem Freitagabend mehr Geld verdienen als mit seiner gesamten Expertentätigkeit bei dieser WM. Es stand 4:4 in den Sätzen, Mardle führte 5:4 in den Legs. Und dann passierte es tatsächlich. Mardle versenkte den ersten Matchdart in der Doppel-18 und weinte auf der Bühne vor Glück. Er schlug zum ersten und einzigen Mal Phil Taylor bei einem TV-Turnier, genau an diesem Abend. Und das mit 5:4 im Entscheidungssatz. Unglaublich. Dietmar hatte es die Sprache verschlagen.

Reibereien in der Kabine

Wenn man bei großen Turnieren derart viele Stunden zusammen in einem Raum verbringt, der zwei mal drei Meter groß ist, gehören auch kleinere Reibereien mit zum Alltag. Bei der letzten Weltmeisterschaft 2016 haben Shorty Seyler und ich rund 90 Stunden in 14 Tagen gemeinsam kommentiert. Mit Roland Scholten waren es vor ein paar Jahren rund 50 Stunden in zwei Wochen. Auch nicht schlecht. Was beim Zuschauer dann teilweise als Spaß rüberkommt, ist manchmal gar nicht so spaßig gemeint. Bei Roland und mir hat es mal während des World Grand Prix ordentlich gebrodelt. Das war am Viertelfinalabend 2012, als Brendan Dolan gegen Justin Pipe spielte. Ich halte es für wichtig, dass man sich bei so viel Live-Strecke auch selber immer wieder reflektiert. In einer Turnierwoche höre ich mir immer längere Passagen des Kommentars einfach nochmal an. Es gibt immer Momente in der Live-Situation, bei denen du dir unsicher bist, ob eine Aussage oder ein flapsiger Spruch beim Zuschauer richtig angekommen ist. Ich hatte Roland damals auch ein Feedback zu seinem Kommentar gegeben – ich fand, dass er teilweise zu viel redete. Wenn man vier, fünf Stunden am Stück kommentiert, braucht es auch mal Phasen, in denen der Zuschauer Dinge für sich bewerten kann. Er will nicht immer unseren Senf dazu hören. Und das ist gerade zu zweit manchmal schwierig. Wenn ich also den Eindruck habe, jetzt täte Ruhe gut, muss das der Experte noch lange nicht genauso empfinden. Vielleicht betrachtet er mein Schweigen sogar als Aufforderung zu reden, weil ich ja gerade nichts sage. Mit meiner Kritik konnte Roland jedenfalls nicht umgehen. Er war eingeschnappt. Vielleicht hatte ich auch nicht die richtigen Worte gewählt. Roland meinte auf jeden Fall: „O.K., dann werde ich gar nichts mehr sagen." Wir mussten aber eine halbe Stunde nach unserem Gespräch gemeinsam die nächste Session kommentieren. Und schlecht gelaunte Kommentatoren hat der TV-Zuschauer nicht verdient. Wir setzten uns rund eine Viertelstunde vor Sendungsbeginn an unseren Kommentatorenplatz. Die Luft brannte. Kein Wort, weder von mir noch von ihm. Irgendwann wurden wir runtergezählt, und dann ging die wilde Fahrt mit dem Opening los. Ich begrüßte die Zuschauer und natürlich auch Roland. Er antwortete knapp, dann machte er seine Ankündigung wahr und sagte nichts mehr. Zuschauer schrieben uns E-Mails und fragten, ob Roland noch da sei? Er war noch da und schaute sich die Partie an. Ich dachte in den ersten Minuten noch: O.k., wenn du nichts sagen willst, dann nicht. Dass er sein Schweigen rund 20 Minuten durchziehen würde, damit hatte ich, ehrlich gesagt, nicht gerechnet. Als es dann endlich in die Werbung ging, fragte ich ihn ein bisschen gereizt, ob er sich noch am Kommentar beteiligen wolle. Er sagte, es sei in interessantes Match. Er könne dazu jetzt jedoch nicht viel sagen, er würde schauen. „Wenn du zuschauen willst, sitzt du auf dem falschen Stuhl", antwortete ich. „Dann gehörst du auf ein Sofa, wie die anderen Zuschauer auch! Hier sitzen Reporter, die werden fürs Reden bezahlt!" Nach der Werbung ging es mit der Übertragung weiter, und irgendwann normalisierte sich die Situation.

Nicht dass da ein falscher Eindruck entsteht – die meiste Zeit, also ein paar Hundert Stunden lang, hatten wir einfach nur Spaß beim gemeinsamen Kommentieren. Das haben die Zuschauer gemerkt. Für mich war die Zeit mit Roland auch deshalb spannend, weil ich sehr gut mitbekam, wie er als Spieler verschiedene Situation einordnete. Da ich selber nie ernsthaft Darts gespielt habe, hat es mir geholfen, ein besseres Gefühl für Darts, für Matchverläufe zu bekommen. Roland und ich hatten privat wenig Kontakt, aber wir sahen uns durch die regelmäßigen Übertragungen ja berufsbedingt viele Tage im Jahr. Inzwischen ist er für den niederländischen Sender RTL7 im Einsatz. Da er dort auch teilweise vor der Kamera sitzt, war es für ihn finanziell einfach interessanter. Er fand Sponsoren und verdient nun mehr Geld. An die Zeit mit Roland denke ich sehr gerne zurück.

Tomas „Shorty" „Schleifstein" Seyler

Tomas „Shorty" Seyler begann 2012 als Experte bei SPORT1. Mit ihm führe ich letztlich das fort, was wir mit Roland Scholten begonnen haben. Es darf also ruhig mal ein bisschen verrückt werden, wir bewegen uns in einer Art verbalem Gangnam Style. Aber immer nur dann, wenn es das jeweilige Match erlaubt. Ganz wichtig ist, dass der Sport im Mittelpunkt steht. Wir dürfen uns als Kommentatoren niemals über den Sport stellen. Und das passiert auch im Normalfall nicht. Sobald Matches in die entscheidenden Phasen gehen oder etwas Besonderes passiert, sind wir ganz nah am Spiel. Da fallen wir uns notfalls auch gegenseitig ins Wort, falls einer in so einem Moment abschweift. Nur wenn Zeit ist, weil ein Match sich dahinschleppt, weil Tempo fehlt, erlauben wir uns inhaltlich auch mal über andere Dinge zu sprechen. Das Leben und so. Bei Übertragungsstrecken von bis zu sechs Stunden ist das, glaube ich, auch ganz gut so.

Rückblickend würde ich sagen, dass es rund ein halbes Jahr dauerte, bis wir uns als Kommentatorenduo so richtig gefunden hatten. Da tastet man sich rein, auch wenn die Aufteilung von Beginn an klar ist. Shorty ist nah am Spiel dran, er erklärt aus dem Blickwinkel eines Spielers, schildert die Gedankenspiele der Akteure, oder auch die Rechenwege. Man benötigt Zeit, um seinen eigenen und auch einen gemeinsamen Stil zu finden. Und um seinen Emotionen freien Lauf lassen zu können, auch wenn die rote Lampe brennt und man auf Sendung ist. Irgendwann rückt der Gedanke in den Hintergrund, dass ziemlich viele Menschen zuhören. Das ist wunderbar, solange man nicht den Respekt und die Achtung vor seiner Arbeit verliert. Es braucht auch Zeit, bis man ein Gespür dafür entwickelt, wann der andere noch etwas sagen möchte. Durch kurze Blickkontakte vermeidet man, dass beide gleichzeitig sprechen, was gerade in emotionalen Momenten gar nicht so einfach ist.

Und warum ist Shorty Seyler der Schleifstein? Dieser Spitzname geht zurück auf die Weltmeisterschaft 2015. Weil in den ersten Turniertagen auf ziemlich harten Boards gespielt wurde, fielen immer wieder Darts auf den Boden, die bereits im Board steckten. Dadurch werden sie ja nicht gewertet. Shorty erzählte in solchen Momenten unheimlich gerne von Schleifsteinen, mit denen man die Spitzen anrauen solle. Er gab diese Empfehlung so lange zum Besten, bis ich ihm den zusätzlichen Spitznamen Schleifstein verpasste. Tatsächlich hat Shorty so einen Schleifstein immer in der Tasche, selbst wenn er kommentiert ...

Kapitel 4
Turnieralltag – hinter den Kulissen der European Tour

Eine Runde Joggen

Die Turniertage auf der European Tour sind lang. Für alle Beteiligten. Zwei Sessions mit je acht Spielen bedeuten einen Zwölfstundentag allein für diejenigen, die sich um die Aktionen rund um die Bühne kümmern. Andere sind 14, 15 Stunden auf den Beinen. Ich bin meist gegen 11 Uhr am Austragungsort. Also 8.30 Uhr aufstehen, weil vor dem Frühstück noch eine Runde Joggen ansteht. Und ich bin längst nicht der Einzige, der morgens den Turnschuh schnürt. Sebastian Mayer von der PDC Europe, Dave Allen, der Mediendirektor der PDC, und der Caller Kirk Bevins sind auch oft dabei. Sammi Marsh-Wade, die Ehefrau von James Wade, hat sich eine Zeit lang auf den London Marathon vorbereitet. Oder Justin „The Force" Pipe, die ehemalige Nummer der Welt: Im Gegensatz zu seiner Wurfgeschwindigkeit am Oche gibt er beim Joggen ganz schön Gas. The Force mag es kurz und knackig: Fünf Kilometer, dann aber auch gerne ein Schnitt von teilweise unter fünf Minuten pro Kilometer, wobei der letzte Kilometer sowieso im Wettrennen endet. Das ist für alte Männer wie mich ganz schön viel. Normalerweise laufen wir in einem Tempo, bei dem wir uns auch unterhalten können. Gerade mit Justin konnte ich so immer wieder interessante Gespräche führen. Er besitzt bis heute eine eigene Firma, von Beruf ist er Baumchirurg bzw. Baumbeschneider. Wie er erzählt, ein ziemlich gefährlicher Job, da du beim Behandeln kranker Bäume nicht selten in schwindeligen Höhen arbeitest. Unfälle gehören da wohl zum Alltag, weshalb der Job ganz gut bezahlt wird. Justin Pipe ist einer der wenigen Dartsprofis, die morgen ihre Karriere beenden und sofort in ihr altes Leben zurückkehren könnten. Dann würde er auch wieder mehr Zeit mit seiner Familie verbringen, seinen zwei Söhnen und seiner Tochter, die er häufig vermisst. Den Traum von einer Sportlerkarriere hatte Pipe allerdings schon als kleiner Junge. Damals war er sich sicher, dass er in die Fußstapfen seines Großvaters und Vaters treten und Boxprofi werden würde. Justin galt als großes Talent, war damals für seine enorm hohe Schlaggeschwindigkeit bekannt. Lange Zeit sah es auch tatsächlich danach aus, als könnte dieser Traum in Erfüllung gehen – bis er 1993 einen Motorradunfall hatte. Ein komplizierter Armbruch bedeutete das Ende der Boxkarriere. Von seinen Zeiten als angehender Boxer erzählt Justin Pipe gern, erklärt auch beim Joggen immer wieder, wie wichtig das Atmen sei, womit er sich offensichtlich zu seiner Boxzeit intensiver auseinandergesetzt hat. In Düsseldorf kam er mal in einer Art Müllsack zum Laufen. Er hatte sich eine große Plastiktüte übergestülpt und trug darüber noch einen Pullover. Justin wollte schwitzen. Er wollte viel schwitzen. Als Boxer hat er das offensichtlich häufiger gemacht. Wir anderen verstanden diesen Aufzug als Provokation und forcierten deshalb alle fünf Minuten das Tempo. An diesem Morgen schwitzte The Force sicher mehr, als ihm lieb war ...

Frühstück

Was für ein eingeschworener Haufen diese PDC-Familie ist, kann man ziemlich gut morgens beim Frühstück erkennen. Das ist der einzige (kurze) Teil des Tages, an dem man ein wenig Zeit für sich hat. Bei dem ich mich auch ganz gerne mal ein bisschen zurückziehe, einfach Zeitung lese und nicht unbedingt das Gespräch suche, denn reden werde ich den gesamten Tag über noch genug. Die Caller Russ Bray und George Noble, die Schreiber, die Techniker der PDC, auch die Spieler sitzen bereits morgens zusammen, erzählen laut, lachen viel. Es sind ja letztlich Kollegen, die rund 200 Tage im Jahr zusammen auf der Tour sind. Und das schon seit vielen Jahren. Reibereien, Lästereien gibt es so gut wie gar nicht.

Die Caller knobeln schon häufig beim Frühstück aus, wer welches Match übernimmt, in der Hoffnung, dass man nicht das Letzte des

Tages erwischt und etwas früher ins Hotel kommt. Natürlich wird auch abseits des Events viel über Darts geredet. Es wird diskutiert, wer das Turnier gewinnt, welche Chancen auch gerade die jungen Spieler haben und ob deren Einstellung reicht, um es nach ganz oben zu schaffen. Dieser Sport ist ihr Leben – und hat es komplett verändert. George „The Puppy" Noble musste vor seiner Tätigkeit als Caller morgens schon um 4.30 Uhr aufstehen, um rechtzeitig im Büro zu sein. Er hat es gehasst. Heute reist er rund um die Welt und ist wohl der beste Rechner unter den Schiedsrichtern. Fehler kommen nur sehr selten vor. Aber es gibt sie natürlich. Ungern erinnert er sich an die Partie zwischen Ronnie Baxter und Kevin Painter beim World Matchplay 2004. 17:17 steht es in einem unglaublich umkämpften Match. Baxter wirft eine 167. Noble ruft: „No score". Warum, weiß er bis heute nicht. The Rocket hatte sich lediglich ein Finish gestellt. Das Problem eines Callers ist eben, dass jeder Fehler bemerkt wird. Vertuschen gibt es nicht. Shit happens.

Um nach einer Niederlage sofort abreisen zu können, checken Spieler teilweise bereits morgens aus dem Hotel aus, obwohl sie im Falle eines Sieges ja noch mindestens eine Nacht bleiben würden. Es geht dabei nicht nur ums Geldsparen. Sie wollen Niederlagen schnell hinter sich lassen. Barney checkte z. B. in Sindelfingen 2015 am Freitag, Samstag und Sonntag aus und wieder ein. Er musste Donnerstag die Qualifikation spielen, Freitag sein Erstrunden-Match und verlor erst am Sonntag im Achtelfinale gegen Joe Cullen. Jeden Morgen stand er mit gepackten Koffern an der Rezeption, checkte aus und reservierte gleichzeitig ein Zimmer für die nächste Nacht. Er reist also jeweils mit Gepäck zum Austragungsort und ist irgendwie immer auf dem Sprung. Dabei ist auch van Barneveld jemand, der sich gerne mal mit einem Kollegen ein Hotelzimmer teilt. Bei großen und wichtigen Turnieren ist seine Frau Sylvia dabei, auf der European Tour eigentlich nie. Es geht dann einerseits darum, Kosten zu sparen, andererseits aber auch um den sozialen Kontakt. Die

Spieler sind so viele Tage im Jahr unterwegs, dass sie es irgendwann leid sind, alleine im Hotelzimmer zu hocken und in die Röhre zu gucken. Gary Anderson führte im Jahr 2015 Buch und stellte am Ende fest, dass er ganze 27 Nächte zu Hause verbracht hatte. Das ist auch Teil des Lebens als Dartsprofi. Auf der Bühne wirst du von Tausenden Menschen gefeiert, kannst den ganzen Autogramm- und Gesprächswünschen gar nicht gerecht werden, und im Hotelzimmer bist du manchmal einsam und vermisst die Familie. Da ist es plötzlich ganz still.

Gerade die absoluten Topspieler ziehen sich abends meist zurück. Phil Taylor siehst du zum Beispiel nur in Ausnahmefällen mal an der Hotelbar sitzen. Auch Raymond van Barneveld bevorzugt ein Essen in kleinem Kreise, genau wie MVG. Die Spieler der zweiten Garde hingegen lassen den Abend schon mal gerne feucht-fröhlicher ausklingen, vor allem dann, wenn sie verloren haben und den Rückflug nicht vorverlegen konnten. Dann heißt es: einen Tag absitzen und warten. Meistens fahren sie trotzdem zum Event, trainieren noch ein paar Stunden und schauen sich die Matches ihrer engeren Freunde an. Wes Newton, Dean Winstanley, Stuart Kellet und Daryl Gurney sind beispielsweise eine eingeschworene Truppe. Wirklich nette Typen, die sich, wenn sich die Möglichkeit bietet, auch zu dritt oder zu viert das Zimmer teilen. Diese Jungs siehst du eigentlich nur lachend und lustige Sprüche klopfend durchs Hotel gehen. Das geht am Frühstücksbuffet los und endet abends im Zimmer, wenn sie sich irgendeinen Schmarrn in der Glotze ansehen. Die Jungs haben mir morgens schon Fotos gezeigt, auf denen zu sehen ist, wie sie dem, der als Erster einschlief, irgendwelche Sachen ins Gesicht schmierten. Newton, Winstanley und Kellet stürzten übrigens auch gemeinsam in eine Krise – keiner von ihnen steht mehr unter den Top 25. Sie versuchen nun, sich gegenseitig zu helfen, feuern sich während eines Matches an. Einen solchen Support haben Spieler, die alleine auf der Tour sind, natürlich nicht.

Am Austragungsort

Gegen 11 Uhr bin ich an der Eventhalle. Dort hat sich am Eingang längst eine Warteschlange gebildet. Wem ein guter Platz wichtig ist, der sollte rechtzeitig vor Ort sein, denn auf der European Tour herrscht freie Platzwahl. Wer zuerst da ist, kann selbst entscheiden, wo er sitzt.

Die PDC-Mitarbeiter, die sich um den Spielerbereich kümmern, sind seit 8.30 Uhr in der Halle. Da der jeweilige Turniertag um 13 Uhr startet, beginnen auch einige Spieler schon so früh mit dem Training. Allen voran Mervyn King. Und das nicht erst, seitdem er mit seinem großen Wohnmobil unterwegs ist und gleich vor der Halle parkt. King ist das Trainingstier auf dem Circuit. Kein anderer wirft so viele Pfeile wie er. Er selbst sagt, dass er an jedem einzelnen Tag die idealen Voraussetzungen für ein gutes Match schaffen möchte. Und King fühlt sich eben nur mit vielen Stunden Training vor einer Partie gerüstet.

Erfolgreiche Tagesabläufe wiederholen Sportler gerne, das ist keine Besonderheit eines Dartsprofis. Da spielt auch der Faktor Aberglaube eine wichtige Rolle, gerade in einem Mentalsport wie Darts. Und das ist teilweise ziemlich gefährlich. Paul „The Asset" Nicholson war lange Zeit jemand, der krampfhaft an bestimmten Abläufen festhielt und irgendwann spürte, dass ihn das behindert. Es musste immer dasselbe Practice-Board sein, immer dieselbe Toilette, dieselbe Musik. Du machst dich und deinen Erfolg damit von zu vielen Faktoren abhängig, auch wenn du in schwierigen Zeiten natürlich auf der Suche nach Dingen bist, die dir irgendwie helfen könnten. The Asset hat diese Marotten inzwischen abgelegt, das hat aber ein paar Turniere gedauert.

Trainiert wird an so einem Turniertag auf ganz unterschiedliche Art und Weise. Viele Spieler, u. a. auch Max Hopp, tragen Kopfhörer, wollen nicht viel reden, trainieren auch gern allein am Board, wenn es möglich ist. Die Anzahl an Practice-Boards für die Spieler ist teilweise überraschend übersichtlich: fünf, sechs Boards, mehr nicht. Das hat zur Folge, dass die Spieler sich Boards teilen müssen. So normal das für Profis ist, für mich war es anfangs ein verrücktes Bild, zu sehen, wie die Stars Schlange stehen, sich mit bis zu vier Spielern ein Board teilen. Das ist dann wie im echten Leben: Drei Pfeile werfen, hinten wieder anstellen. Unter solchen Umständen bereiten sich Spieler häufig schon im Hotel intensiv vor. Meistens wird auch dort ein Raum mit zwei, drei Practice-Boards eingerichtet. Wer mal in Spielerhotels übernachtet hat, wird an manchen Zimmertüren zudem Gurte gesehen haben mit dem Schriftzug „Bitte nicht eintreten". Mit diesen Gurten werden die Boards an der Tür befestigt. Diese Konstruktion der Firma Unicorn wird im Handel als „On Tour"-Paket verkauft. Sollte man tatsächlich vor so einer Tür stehen und den Raum betreten wollen, bitte erst anklopfen, sonst könnte es gefährlich werden. Um Gepäck zu sparen, nimmt Peter Wright manchmal auch nur eine Art Board-Kuchenstück mit auf die Reise, eine Sonderanfertigung, ein Ausschnitt des Dartboards vom 12er- bis zum 18er-Segment. Er trainiert darauf dann vor allem auf die Treble-20 und Doppel-20.

Im Schnitt spielen sich Profis rund vier Stunden vor einem Match ein. Ausnahmen bestätigen natürlich auch diese Regel. Weltmeister Gary Anderson zum Beispiel: Er kommt mit der Hälfe der Zeit aus. Anderson hat mal erzählt, dass ihm manchmal sogar nur ein paar Aufnahmen genügen würden. Ein Mann mit einem außergewöhnlichen Talent.

Einlass und Warm-up

12 Uhr: Das Warten der vielen hundert Fans hat ein Ende. Bis dahin habe ich mir den Spielplan für den Tag geholt, habe

begonnen, mir Notizen zu den Spielern zu machen und zusammen mit Andy Scott von der Spielergewerkschaft PDPA (Professional Darts Players Association) überprüft, welche Spieler beim Walk-on als Erste auf die Bühne kommen werden. Es beginnt jeweils der Spieler mit der niedrigeren Ranglistenposition, wobei Qualifikanten teilweise noch gar keinen Platz in der Rangliste haben. Auf der European Tour gilt ja nicht die Weltrangliste, sondern die Pro Tour Order of Merit, die Rangliste, die sich ausschließlich mit den nicht im Fernsehen übertragenen Turnieren beschäftigt.

Gegen 12.30 Uhr beginnt das Warm-up. Es wird eingeheizt, rund 20 Minuten lang. Gas geben, die Fans auf Betriebstemperatur bringen. Kollege Timo Gans begrüßt die Zuschauer, erzählt vom Ablauf des Tages, berichtet, wer alles dabei ist. Ein Mix aus wichtigen Turnierinformationen und ein bisschen Unsinn. „Chase the Sun" darf nicht fehlen. Und dann bittet er mich zum Tanz, ruft mich auf die Bühne. Was neben dem exakten Spielplan noch fehlt, ist die Generalprobe für den Walk-on, den jeweils ein Zuschauer machen darf. Oder es gibt ein kurzes Quiz, bei dem ein Fan einen Preis abräumen kann. Auch wenn mich vorher schon ein Dutzend Zuschauer angesprochen und gefragt haben, ob sie nicht beim nächsten Mal den Walk-on machen dürften: Wir entscheiden spontan. Meist macht ein besonders schön kostümierter Zuschauer das Rennen.

Diese Gespräche mit Fans auf der Bühne sind nicht selten kurios. Vom selbstbewussten Macho, der glaubt, die Welt läge ihm zu Füßen, bis hin zum eingeschüchterten Mäuschen, das nicht mehr weiß, wie es heißt, ist alles dabei. In Hildesheim stürmte mal einer mit einem Hängebusen-Kostüm auf mich zu, sprang mich an und wollte mich gar nicht mehr loslassen. Immer wieder können Zuschauer die Frage nach dem Turniernamen nicht beantworten, obwohl sie sich ja ein Ticket für diese Veranstaltung gekauft haben und der Name jeweils in großen Lettern Teil des Bühnenbilds ist. In Sindelfingen wollte ich 2012 mein gerade frisch erschienenes Buch *Darts. Die Erde – eine*

Scheibe als Preis raushauen, in Verbindung mit einem kleinen Quiz. Fünf richtige Antworten, und du hast das Buch gewonnen. Ich hatte einen Zuschauer aus den hinteren Reihen ausgewählt, der sich auf den Weg in Richtung Bühne machte. Das dauert so anderthalb Minuten. In dieser Zeit erzählte ich ein wenig über das Buch, den Inhalt, die Idee. Andreas, ich meine, er hieß Andreas, kam dann zu mir und meinte zur Begrüßung, dass ich älter aussähe, als er es vermutet hatte. Wahrscheinlich schaute ich ein wenig verwundert, fragte ihn noch kurz, ob er sich im Darts auskenne, um ihm dann die erste Frage zu stellen: „Wer hat dieses Buch geschrieben?" Andreas wurde zum ersten Mal ruhig. Er schaute mich an, er schaute auf das Cover des Buchs, sah das Titelbild mit Taylor und van Barneveld und sagte nach längerer Überlegung: „Keine Ahnung, wahrscheinlich ein Ghostwriter von Phil Taylor."

Probe-Walk-on

Humor ist ja Geschmacksache. Was ich lustig finde, muss längst nicht lustig für die Zuschauer sein. Eines aber weiß ich: Der Macho-Zuschauer ist nicht oder höchstens sehr selten wirklich witzig. Allerdings oft auch ein gefundenes Fressen. Ich meine, wer es darauf anlegt, soll bekommen, was er verdient. Zuschauer spüren ganz schnell, mit wem sie es auf der Bühne zu tun haben. Man muss gar nicht viel machen, und der Kollege hat plötzlich mit 3000 Menschen im Zuschauerraum zu kämpfen. Was mich dabei teilweise erstaunt, ist die Selbsteinschätzung einiger dieser Typen. An einem Quiz teilzunehmen und zu behaupten, man würde sich extrem gut auskennen, habe sämtliche Dartsübertragungen seit Jahren im TV verfolgt, um dann den aktuellen Weltmeister nicht nennen zu können, ist eher dünn. Irritiert so jemanden aber nicht im Geringsten. Drei Sekunden später plustert er sich erneut auf, wenn er zusammen mit den Walk-on-Girls auf die Musik seines Lieblingsspielers seinen Walk-on bekommt. Wenn er für 45 Sekunden mal MVG sein darf oder The Power oder Snakebite und sein Gesichtsausdruck verrät, wie gern er einer von den Topstars wäre, die sich minutenlang feiern lassen. Ist er aber nicht. Und manchmal passiert auch das Gegenteil: Der Fan verkrampft, die Walk-on-Girls verunsichern ihn. Er kommt in Begleitung zweier hübscher Damen auf die Bühne ... und macht einfach nichts. Nada. Kein Winken, kein Lächeln, nichts. No score.

In Düsseldorf 2012 habe ich mir mal den Spaß erlaubt und selber einen Probe-Walk-on gemacht. Natürlich in Absprache mit den Zuschauern. Im Flughafenhotel Maritim marschieren die Spieler vom Oberrang über eine längere Treppe auf die Bühne. So wie das normalerweise die ausgewählten Zuschauer tun, schnappte auch ich mir die beiden Walk-on-Girls und ging hoch zur Startposition. Auf dem Weg nach oben begannen die Zuschauer bereits etwas zu singen, was ich nicht genau verstehen konnte. Ich fragte eines der Walkon-Girls, ob sie verstünde, was da gesungen wurde. Sie sagte: „Ich glaube: ‚Elmar, du bist der Geilste'!" Als ich oben angekommen war, konnte ich besser hören. 1800 Zuschauer sangen: „Elmar, du Zigeuner!" Ich bin mir sicher, dass es den allermeisten Zuschauern so ging wie mir: Warum Zigeuner, fragten wir uns. User meiner Facebook-Seite schrieben damals entsetzt, das sei politisch nicht korrekt, es müsse heißen: „Elmar, du Sinti und Roma!" Erst viel später erklärte mir ein alteingesessener Düsseldorfer, dass der Zigeuner einer ist, der Frauen abschleppt. Und ich hatte die Walk-on-Girls auf dem Weg nach oben sozusagen abgeschleppt. Dann kam die Ansage: „Ladies and gentlemen, ein besonderer Moment wartet auf uns hier im Flughafenhotel Maritim: der wahrscheinlich schlechteste Dartsspieler aller Zeiten auf dem Planeten Erde. Herzlich willkommen, Elmario 501." Ich meine, ich bin auf das Lied „Tage wie diese" von den Toten Hosen eingelaufen. Und wenn ich mich richtig erinnere, war das noch bevor Shorty sich den Song als Walk-on-Musik sicherte. Vielleicht liege ich aber auch falsch. Düsseldorf begrüßte mich auf jeden Fall herzlich. So ein Walk-on ist einfach fett und gehört irgendwie auf die To-Do-Lebensliste eines jeden Darts-Verrückten. Abgehakt. Done it.

Nach dem Probe-Walk-on sucht noch die Kiss- oder Dance-Cam nach witzigen, verrückten oder verliebten Fans in der Halle, um sie auf den Großleinwänden zu präsentieren. Drei, vier Minuten später wird es ernst. Die Session beginnt. Licht aus. Herzschlag, Kirchenglocke. Der Song „Hells Bells" von AC/DC ist längst zur Erkennungsmelodie geworden. Einige werden sagen: Wie abgedroschen! Ich finde es geil. Es passt perfekt. Von jetzt an sind wir bemüht, den Ablauf auf die Sekunde genau einzuhalten. Hoch auf die Bühne, Spot an, der erste Spieler wird auf Startposition gebracht. Ladies and gentlemen, let the games begin ...

Master of Ceremonies: Vorankündigungen und Interviews

Meine Aufgabe als Master of Ceremonies ist klassisch das Begrüßen der Spieler sowie das Führen kurzer Interviews mit den Siegern gleich nach dem Match. Anders als John McDonald, den man als MC von den Übertragungen aus England kennt, versuche ich, den Spieler noch ein bisschen genauer vorzustellen. Gerade die unbekannteren Akteure. Kurze Anekdoten, wichtige Ergebnisse oder Kurioses. Das ist bei einem Phil Taylor oder MVG natürlich nicht notwendig, bei Johnny Haines oder John Henderson und allen anderen Spielern außerhalb der Top 16 schon. Es geht darum, die Besonderheit einer Partie herauszustellen, um das Match für den Zuschauer noch interessanter werden zu lassen. Wenn Kevin Painter auf Phil Taylor trifft, ist es gut zu wissen, dass die beiden 2004 eines der besten WM-Finals überhaupt spielten. Wenn Michael Smith auf die

Bühne kommt, tritt einer der erfolgreichsten European-Tour-Spieler der letzten Jahre an.

Während das erste Match läuft, bereite ich die Spieler der zweiten Partie vor. Drei, vier knackige Fakten zu jedem. Tritt der Sieger am Tag danach erneut an, gibt es auch neue kleine Geschichten. Bei van Gerwens Walk-on darfst du nicht vergessen, dass erst die Musik 10, 15 Sekunden lang einsetzt. Bei Raymond van Barneveld ist es die Sirene. Die Spieler machen sich auf den Weg, kommen hoch auf die Bühne, begrüßen die Fans und dann auch die Offiziellen. Das sind ganz interessante Sekunden, weil du sehr schnell merkst, wie angespannt die Spieler sind. Vor wichtigen Partien ist MVG beispielsweise derart im Tunnel, dass er einen beim Händeschütteln gar nicht ansieht und nicht mitbekommt, wer da steht. Das würde ihm bei einem Auftaktmatch, bei dem er klarer Favorit ist, nicht passieren.

So kurz und knapp die Interviews mit dem jeweiligen Sieger nach dem Spiel auch sein mögen, nicht immer sind sie Selbstläufer. Zumindest nicht bei allen Spielern. Vor allem nicht bei denjenigen, die sich unwohl fühlen, wenn sie vor ein paar Tausend Menschen reden sollen. Das gilt für viele Spieler außerhalb der Top 32 – sie sind es einfach nicht gewohnt. Es gilt erstaunlicherweise teilweise aber auch für den erfahrenen Phil Taylor. So kommt es immer wieder vor, dass er sich nach einem Sieg schnell vom Acker machen will. Spätestens die englische Security wird ihn dann aber netterweise erinnern, dass da noch ein Interview wartet. Nicht selten habe ich erlebt, dass The Power zum Interview zur Bühnenmitte kommt und mir, während ich noch ein paar deutsche Worte an die Zuschauer richte, schon leise zuruft, dass ich ihm nur eine einzige Frage stellen soll: „Just one question. Just one question!" Ob ich dafür Verständnis habe? Nein! Er gibt das Interview ja nicht für mich oder irgendeinen Journalisten, sondern für den Veranstalter, für die PDC. Oder besser gesagt, für die Fans, die den großen Phil Taylor halt auch mal reden hören wollen. Je weiter man sich bei ihm übrigens inhaltlich vom

Thema Darts entfernt, desto entspannter wird er. Über Fußball und die Fußball-WM 2014 zu reden, hat er sichtlich genossen. Über sein Spiel, wenn er selber damit nicht zufrieden war, spricht er nicht ganz so gerne. Interviews mit Phil Taylor sind tatsächlich ein Kapitel für sich. The Power treibt da ein Spielchen, versucht, durch Fisimatenten vom Gespräch abzulenken. Wer ihn kennt, merkt, dass er eigentlich nichts sagen will. Durch den Schabernack, den er veranstaltet, bekommt der Interviewer kaum die Möglichkeit, ein normales Gespräch zu führen. Taylor geht dann gar nicht auf deine Frage ein oder stellt plötzlich selber Fragen. Oder er umarmt dich. Und dann ist er auch schon wieder weg. Philip Douglas Taylor ist ein Schlitzohr.

Ein Michael van Gerwen hat dagegen überhaupt keine Probleme, Interviews zu geben. Selbst nach einem European-Tour-Halbfinale nicht, obwohl er da eigentlich gar keines geben müsste. Van Gerwen versteht zudem auch ein wenig Deutsch und ist schlau genug, während eines Gesprächs in Deutschland ein paar deutsche Worte an die Fans zu richten. So etwas kommt immer gut an.

Raymond van Barneveld merkst du bei Interviews seine jahrelange Medienerfahrung an. Der würde auch ohne eine Frage antworten. Und zwar ausführlich. Gary Anderson hat sich bis vor ein, zwei Jahren auch schwergetan mit Interviews. Ich hatte immer den Eindruck, er weiß nicht, was er erzählen soll. Gary Anderson hatte damals irgendwie nichts zu sagen, weil er sich selber für viel zu unwichtig hielt. Inzwischen plaudert auch der Flying Scotsman. Wegen seines schottischen Akzents musst du bei ihm ganz Ohr sein, sonst verstehst du ihn schlicht nicht. Noch ein bisschen problematischer sind diesbezüglich Interviews mit Robert Thornton. Ich habe von ihm schon Antworten übersetzt, obwohl ich kein Wort verstanden hatte. Wenn ich ihn nicht verstehe, werden ihn die allermeisten Zuschauer auch nicht verstanden haben, dachte ich mir. Und der Zuschauer denkt ja, der Paulke wird es schon wissen. Nicht das jetzt einige entsetzt die

Hände über dem Kopf zusammenschlagen. Ich schwöre, es ist nur das ein oder andere Mal passiert. Aus reiner Notwehr.

Wenn schon Siegerinterviews manchmal ihre Tücken haben, dann natürlich erst recht die Befragung eines Spielers nach einer Niederlage. Verlieren ist schwierig – gerade für einen Profi. Der Wille, nicht verlieren zu wollen, treibt Profispieler ja unter anderem an, sich jeden Tag ans Board zu stellen. Und es gibt einige ziemlich schlechte Verlierer auf der Tour. Raymond van Barneveld hat das von sich öffentlich schon mehrfach zugegeben. Auch mit Simon Whitlock ist gleich nach einer Niederlage nicht gut Kirschen essen: Da werden schon mal Walk-on-Girls angepflaumt, obwohl sie eigentlich nur ihr Bedauern zum Ausdruck bringen wollten. Phil Taylor siehst du nach dem Ausscheiden erst beim nächsten Turnier wieder. Der ist sofort weg, am liebsten durch einen Hinterausgang. Michael Smith hat sich mal nach einer Niederlage gegen Mensur Suljovic die Hand verstaucht, weil er vor Wut mit der Faust gegen die Wand des Glaspalasts von Sindelfingen schlug. Auch van Gerwen oder Adrian Lewis braucht man nach einer Niederlage gar nicht erst anzusprechen. Die gehen einfach weiter. Sie brauchen ein paar Stunden, um eine solche Pleite zu verdauen. Um die WM-Achtelfinal-Niederlage gegen van Barneveld wegzustecken, brauchte Mighty Mike zwei, drei Wochen, wie er selber zugibt.

Es gibt so einige Interviews oder Situationen, die man nie vergisst. Düsseldorf 2012: Der junge James Hubbard erreicht durch seinen Sieg über Mark Walsh überraschend das Viertelfinale und qualifiziert sich damit zum ersten Mal für das World Matchplay. In solchen Momenten versuchst du, die Frage kurz zu halten, damit die Emotion möglichst frisch ist. Der Gesprächspartner soll erzählen. Doch James Hubbard konnte nicht. Er setzte immer wieder an, um gleich darauf den Kopf zu schütteln. Hubbard weinte vor Glück. Ihm liefen die Tränen übers Gesicht. Die Düsseldorfer Fans feierten ihn minutenlang. Damit war alles gesagt.

Oder Sindelfingen 2013. Die Achtelfinal-Session läuft am Sonntagmittag. Nicht unbedingt der Zeitpunkt für große Emotionen. Mervyn King spielt gegen seinen Kumpel Peter Wright. Die Partie ist nicht besonders hochklassig, aber umkämpft. Beide haben Matchdarts, The King trifft im elften Leg die Doppel-16. „Game, Shot and the Match!" King gewinnt 6:5. Was folgt, ist ja normalerweise ein Moment der Erleichterung. Nach so einer Partie ein Interview zu führen, macht Spaß, weil es aus dem Spieler nur so heraussprudelt. Gerade auch bei so einem erfahrenen Mann wie Mervyn King, der seit über 20 Jahren im Profi-Darts-Circuit unterwegs ist. Mervyn ist zudem ein guter Erzähler. Doch diesmal komme ich auf die Bühne, gratuliere ihm und merke, dass er auf Distanz geht. Ich spreche ihn auf das Match an, und in diesem Moment kann Mervyn seine Tränen nicht mehr zurückhalten. Der Mervyn King, der vor Jahren bei den Kollegen nicht besonders beliebt war, weil er auftrat, als würde ihm die Welt gehören, weil er ein harter Hund war. Der Mann, der 2007 in Halle/Westfalen, als das Deutsche Sport Fernsehen den ersten Versuch startete, ein Dartsturnier selber bildlich umzusetzen, den Kameramann hinter der Bühne umhauen wollte, weil er bei einer Aufnahme mit der Kamera ein wenig gewackelt hatte. Mervyn King weinte, weil es ihm leid tat, dass er gegen seinen Freund Peter Wright gewonnen und dessen Weiterkommen verhindert hatte. Peter Wright wartete damals noch auf den Durchbruch. Er war noch kein Top-10-Spieler, hatte noch kein WM-Finale gespielt. Gemeinsam hatten King und Wright viele, viele Stunden trainiert.

Pause

17.30 Uhr: Acht Matches sind in den letzten rund vier Stunden gespielt worden, die Day Session ist damit beendet. Wir bitten die

Zuschauer, den Saal zu verlassen, damit er gereinigt und der Müll beseitigt werden kann. Für die meisten Fans geht der Spaß ab 19 Uhr weiter. Sie müssen sich – meist widerwillig – ein zweites Mal in der Warteschlange anstellen. Darüber wird immer wieder geschimpft, es ist aber logistisch nicht anders zu bewerkstelligen und übrigens auch Usus bei anderen Sportveranstaltungen, bei denen der Tag auf zwei Sessions aufgeteilt wird. Seit 2015 gibt es auf der European Tour die „Early Access Tickets". Wer sich die 6 € leistet, darf 15 Minuten früher in die Halle, um sich einen guten Platz zu sichern. Später ist es eher ein Kampf. Obwohl alle gebeten werden, nicht zu laufen, stürmen sie zu den Tischen nahe der Bühne, um möglichst nah an den Spielern dran zu sein. Eines sollte klar sein: Niemand sitzt so nah an der Bühne, dass er ein Match mit Blick auf das Dartboard verfolgen könnte. Dafür ist die Scheibe einfach zu klein. Auch in der ersten Sitzreihe schaust du auf die großen Leinwände, über die jeder Zuschauer das Match verfolgt. Aber wer vorne sitzt, ergattert leichter eine gute Position bei den Walk-ons. Schnell ran an das Gitter, um mit den Spielern abzuklatschen.

Für die PDC-Crew beginnt gegen 17.30 Uhr eine einstündige Pause. Das Essen vom eigenen Catering ist fertig. Die Gefahr, sich an einem Eventtag von vielen kleinen Schweinereien zu ernähren, ist groß. Gemüse, Salat und natürlich auch Fleisch tun da gut. Beim Essen mit dabei sind nicht nur Caller und Turnierdirektion, sondern auch die englischen Kommentatoren, die den PDC-Livestream kommentieren: Rod Harrington, Paul Nicholson und Dan Dawson. Wir sitzen meist in einem Raum zusammen und reden oft über die eben gespielte Session. Oder auch gerne über Tennis. Tennis hat in England einen deutlich höheren Stellenwert als in Deutschland. Russ Bray oder auch George Nobel kennen sich da richtig gut aus, verfolgen selbst kleinere Turniere über den Liveticker. Vor allem dann, wenn der Schotte Andy Murray spielt. Und natürlich wird auch online gewettet, so wie das in England ja gang und gäbe ist. Als

PDC-Mitglied ist es dir wegen Insiderwissens untersagt, auf Dartsmatches der PDC-Tour zu setzen. Das ist ein wichtiges und sensibles Thema bei der PDC, da große Wettanbieter Sponsoren sämtlicher TV-Turniere sind – von der William Hill World Darts Championship über die Betway Premier League, die Coral UK Open, das BetVictor World Matchplay bis hin zur Unibet European Darts Championship. Zehn große Turniere sind es insgesamt, 2016 wird ein Preisgeld von rund zehn Millionen Pfund verteilt. Es steckt also eine Menge Geld dahinter. Darts eignet sich für den Wettmarkt perfekt, weil du auf jede Spielsituation einzelne Wetten anbieten kannst. Das Risiko, dass PDC-Mitarbeiter aus ihrem Insiderwissen bare Münze machen, wäre zu groß. Das würde den gesamten Betrieb aufs Spiel setzen. Deshalb also das Wettverbot.

Abendsession und Abbau

Um 18 Uhr werden die ersten Zuschauer schon wieder eingelassen. Der sogenannte Stage Manager, Sebastian Mayer von der PDC-Europe, macht seine Runde. Alle auf Position. Musik an. Zwei Tontechniker oder DJs sind dafür im Einsatz. Sie gleichen unter anderem die Walk-on-Musiken mit den Spielern ab. Für sie ist es ebenfalls wichtig zu wissen, wer als Erstes auf die Bühne kommt, diese Informationen bekommen sie meist von mir. Es liegt wohl in der Natur der Sache, dass die Abendsession stimmungsvoller, dass mehr Alarm in der Halle ist. Viele Zuschauer waren bereits am Nachmittag da und haben das ein oder andere Getränk intus. Mit jeder Stunde fallen ein paar Hemmungen mehr. Die Zuschauer sind nun noch ein bisschen leichter zu lenken, reagieren auf so ziemlich alles, was wir da machen. Das ist toll. Obwohl das Warm-up nicht direkt zur Show gehört, ist es immer wieder ein Highlight, weil man den Zuschauern die Lust auf Darts, die Lust auf dieses Event anmerkt. Mir selber geht es da ganz ähnlich.

Gegen 23 Uhr ist das sechzehnte Match des Tages gespielt. Nach dem zweiten von insgesamt drei Tagen sind noch 16 Spieler im Turnier. Für die meisten Zuschauer endet auch der Samstag nach rund zehn Stunden. Jetzt noch sicher nach Hause kommen und hoffentlich fit sein für Tag drei, denn da fällt die Entscheidung. Am Nachmittag dieses letzten Tages gibt es die acht Achtelfinals, am Abend die Viertel-, die Halbfinals und das Finale. Der Sonntag ist von der Stimmung her meist ein bisschen gebremster, weil die meisten am nächsten Morgen arbeiten oder in die Schule müssen. Es ist aber auch häufig der Tag mit dem fachkundigsten Publikum. Da wird professionelles Darts nicht nur bejubelt, sondern auch genossen. Was nicht heißen soll, dass wir nicht auch schon am Sonntagabend wilde Dartspartys gefeiert haben.

Schon vor den Halbfinals beginnen erste Abbauarbeiten. Das fängt meist mit dem Merchandising-Stand an. Die Erfahrung zeigt, dass jetzt kein Besucher mehr shoppen geht. Höchstens am Getränkestand. Was nun noch fehlt, ist das Finale und natürlich die Siegerehrung. Eine Frage an den Unterlegenen, zwei an den Sieger und dann Tschüss bis zum nächsten Jahr. Während wir, die wir mit dem Ablauf des Turniers beschäftigt waren, jetzt unsere Sachen zusammenpacken und in der Eventhalle einen Scheidebecher trinken, muss die Technikcrew häufig noch stundenlang abbauen, weil am nächsten Morgen oder Mittag die Halle wieder geräumt sein muss. Game on.

Kapitel 5
Mentalsport Darts –
Erfolg beginnt im Kopf

WM-Finale 2007: Taylor gegen van Barneveld

Es ist heiß, über 40 °C. Die niedrige Decke ist beklemmend. Gerade oben auf der Bühne steht die Luft. Perfekte Bedingungen also, denn die Luft muss stehen, damit die Flugbahn der Darts nicht beeinflusst wird. Alles klebt: die Shirts der Spieler am Bauch, das verschüttete Bier auf den Tischen, der Schweiß jedes einzelnen Zuschauers. Es ist stickig in der kleinen, schmuddeligen Circus Tavern. Die knapp 600 Zuschauer jubeln immer wieder kurz auf, um ihrer Anspannung Luft zu machen. Sekunden später ist es ganz leise. Niemand will die Konzentration der Spieler stören. So eine Ruhe ist selten beim Darts. Vor allem in der Circus Tavern, wo die Fans ungewöhnlich dicht an der Bühne sitzen, direkt im Rücken der Spieler. Wir flüstern nur noch in die Mikrofone unserer Headsets am Kommentatorenplatz. Fakten, Geschichten, Anekdoten spielen keine Rolle mehr. Es gibt auch keinen Blickkontakt zwischen dem Experten Dietmar Ernst und mir. Es geht nur um das, was da auf der Bühne passiert. In den Gesichtern von Yvonne und Sylvia, den beiden Ehefrauen der Spieler, ist gut zu erkennen, was auf dem Spiel steht. Dieses WM-Finale ist eine Heldenreise. Für einen der beiden Akteure. Zum dritten Mal in der Geschichte des Dartssports erlebt ein WM-Finale ein allerletztes Entscheidungs-Leg, ein sogenanntes Sudden Death Leg. Die Spannung ist hier im wahrsten Sinne des Wortes greifbar. Über zwei Stunden sind bereits gespielt. In den nächsten knapp zwei Minuten wird die Weltmeisterschaft 2007 entschieden. Dieses Finale zwischen Weltmeister Phil Taylor und Weltmeister Raymond van Barneveld wird später als das beste Match aller Zeiten in die Geschichte eingehen.

Es geht darum, wer der Beste überhaupt ist. Lange Zeit spielten The Power und Barney in unterschiedlichen Verbänden. Jeder dominierte den Verband, in dem er aktiv war. Zehn Monate vor diesem Finale wechselte van Barneveld zur PDC. Und er kam mit drei

Zielen: seinen ersten 9-Darter vor TV-Kameras werfen, Taylor von Position eins verdrängen und die WM gewinnen. Auf den 9-Darter muss Barney nicht lange warten, den wirft er am 23. März 2006 in der Premier League. Jetzt heißt es also, Phil Taylor in wichtigen Turnieren herauszufordern.

Nichts ist wichtiger als ein WM-Finale. Es ist der erste Tag des Jahres 2007, ein Montag, Turniertag elf. Und es wird der letzte WM-Tag in der heruntergekommenen Circus Tavern sein. Nach 14 Jahren will der Verband den Austragungsort wechseln, in Zukunft soll im Alexandra Palace gespielt werden. Die Dramaturgie wirkt wie ausgedacht: Dass Taylor und van Barneveld es bei ihrer ersten gemeinsamen Weltmeisterschaft ins Finale schaffen, ist schon verrückt. Dass es nach zwölf Sätzen 6:6 steht, kaum zu glauben. Dass Taylor dann im Entscheidungssatz zum 5:5 ausgleicht, obwohl van Barneveld im Verlauf dieses Satzes vier Matchdarts hatte, ist unfassbar.

Sylvia, die Ehefrau von Raymond van Barneveld, kann nicht mehr hinschauen. Sie faltet ihre Hände wie zum Gebet und drückt sie an die Stirn. Ihre Augen sind verschlossen. Dabei hat sich ihr Mann einen wichtigen Vorteil verschaffen können: Er darf das letzte Leg beginnen. Wie zu Beginn des Matches wurde auch diesmal auf das Bullseye geworfen, den Scheibenmittelpunkt. Ein kleiner roter Fleck von 1,2 cm Durchmesser. Taylor verpasst nicht nur sein Ziel denkbar knapp, er wirft seinen Dart versehentlich darunter, ins Single-Bull. Damit kann van Barneveld ihn als Bande benutzen. Er spielt sozusagen mit dem Dart seines Gegners, wirft seinen Pfeil auf Taylors drauf, damit er ins Bullseye gleitet. Das ist doppelt bitter. Nach diesem WM-Finale wurden die Regeln geändert: Seitdem darf der erste Werfer seinen Dart aus dem Board nehmen, wann immer er möchte.

Ein letztes Mal starten beide bei 501 Punkten, zum 57. Mal in diesem Finale. Taylor hat exakt 35 Sekunden Zeit, um die eben erlebte Situation aus dem Kopf zu bekommen. Und er weiß, er kommt normalerweise ein Mal weniger zum Zug als sein Gegner. Taylor legt nach. Van Barneveld eröffnet mit 100 Punkten. Taylor setzt seinen ersten Dart perfekt in die Treble-20. Ein Fan schreit auf. The Power schaut rüber, sein Rhythmus ist gestört. Er setzt neu an und trifft. Taylors zehnte 180 in diesem Finale. Barney verzieht keine Miene. Er wirkt fast abwesend, wie im Tunnel. Ist nur auf sich und sein Spiel fixiert. Das eigene Verhalten nicht von Treffern des Gegners lenken zu lassen, ist unglaublich schwierig. Und vor allem kaum trainierbar, weil es eine Emotion ist, die immer wieder neu hervorgerufen wird, die sich immer wieder ein bisschen anders anfühlt. Das ist die große Kunst: In solchen Momenten den Fokus bei sich zu belassen. Bei sich und dem Dartboard. Nicht grundlos gilt auch heute noch die Jahrzehnte alte Dartsweisheit „Play the dartboard". Kümmere dich nicht um das, was um dich herum passiert. Auch nicht um den Gegner.

Darts ist vor allem ein Kampf mit sich selbst. Mit sich und seinen Fähigkeiten. Sie punktgenau, millimetergenau abrufen zu können, alles andere auszublenden: die Wichtigkeit des Augenblicks, die Größe des Gegners, die Möglichkeit, Herausragendes zu leisten. Wenn der große Triumph, die Weltmeisterkrone zum Greifen nahe ist, fällt es verdammt schwer, nicht den Gedanken aufkommen zu lassen, dass du Weltmeister werden könntest.

Van Barneveld antwortet mit seinem einundzwanzigsten Maximum im Match. Die Barney Army springt auf. Sylvia lacht für ein paar Sekunden. Dietmar Ernst und mich hält es in der Kabine längst nicht mehr auf unseren Stühlen. „Das ist die wichtigste 180 seiner Karriere", schreie ich ins Mikrofon. Nicht, weil er damit einen neuen Rekord aufstellt, der bis heute Bestand hat, sondern weil er das Finale mit diesen drei Darts entscheidet. Weil das Timing perfekt ist. Weil van Barneveld Taylors 180 toppen und damit zunichtemachen kann. Taylor steht die Verunsicherung ins

Gesicht geschrieben. Dieses Maximum ist ein Stich in sein Herz, es hat sich sekundenschnell in seinen Kopf gebohrt, in seine Gedanken. Und damit passiert das, wogegen er sich über zwei Stunden lang gewehrt hat, was er unbedingt vermeiden wollte: Van Barnevelds einundzwanzigste 180 nimmt Einfluss auf sein Spiel. The Power spitzt die Lippen, atmet noch mal durch und patzt. 40 Punkte sind zu wenig. Das Finale ist entschieden. Raymond van Barneveld bekommt kurze Zeit später seinen fünften und sechsten Championship-Dart. Er trifft die Doppel-20, reißt die Arme hoch, legt den Kopf in seinen Nacken, überstreckt seinen Rücken. Er genießt den Moment mit seiner Geste.

Darts ist ein Kopfspiel. Vergleichbar mit Bogenschießen, mit Golf oder Tennis. Kopfspiel soll heißen, dass der Erfolg im Kopf beginnt. Die Technik ist im Profibereich eine Grundvoraussetzung für erfolgreiches Handeln, sie wird von allen beherrscht. Die Psyche ist für den Sportler im Wettkampf entscheidender als die Technik, weil sie instabiler ist. Das gilt insbesondere für Darts, da es sich um eine eher simple Wurftechnik handelt, eine Bewegung, bei der möglichst wenige Gelenke, wenige Muskelgruppen eingesetzt werden. Damit verringert sich die Chance, dass etwas schiefläuft. Wer die Wurfbewegungen von Spielern wie dem Weltranglistenersten Michael van Gerwen oder die von Phil Taylor analysiert, wird feststellen, dass sie vor allem schnörkellos sind. Nur dadurch kann sie Sekunden später beinah identisch nachvollzogen werden. Es geht beim Darts immer wieder um die perfekte Wiederholung dieser einen Bewegung. Problematisch wird es, sobald mentaler Druck hinzukommt. Wenn Spieler angespannt auf umkämpfte Situationen reagieren, sind automatisch mehr Muskeln im Einsatz. Auch der Hobbyspieler merkt, dass er dann nicht mehr locker ist. Mehr Muskeln bedeuten, mehr Fehlerquellen. Profispieler versuchen, sich davon möglichst frei zu machen.

Finale des Grand Slam of Darts 2010: Waites gegen Wade

Sonntag, 21. November 2010. Scott Waites liegt im Finale des Grand Slam of Darts 0:8 gegen James Wade zurück. Es droht das einseitigste Finale in der Geschichte dieses Turniers zu werden. Der Grand Slam of Darts ist das einzige Event im Jahr, bei dem Spieler der PDC auf Spieler der British Darts Organisation (BDO) treffen. Bei jeder einzelnen Partie schwingt natürlich die Frage mit, welcher Verband besser ist. Waites ist kein Vollzeitprofi, er ist gelernter Schreiner und weiterhin in seinem Beruf tätig. Trotzdem gehört er zu den Spielern der BDO, denen man auch eine erfolgreiche Karriere bei der PDC zutrauen würde. Das neunte Leg geht endlich an Waites. Er trifft die Doppel-12. „Scotty 2 Hotty" dreht sich zum Publikum um, reißt die Arme hoch, als er habe er das Match gewonnen, und grinst. 1:8. Das ist nicht der Beginn von irgendwas, es ist eher ein Ablenken von einem verflixt peinlichen Moment. Niemand möchte im Finale eines TV-Turniers derart unter die Räder kommen, vor ein paar Millionen Zuschauern weltweit. Zehntes Leg, Waites eröffnet mit einer 180. Er scheint allmählich seinen Rhythmus zu finden. Für James Wade läuft noch alles nach Plan. Noch. Zehn Minuten später steht es 8:5 für Wade. Sein Vorsprung schmilzt.

Manchmal erlebt man Niedergänge im Darts wie in Zeitlupe. Während sie passieren, fragt man sich, ob das tatsächlich gerade geschieht oder ob es nur ein böser Traum für den Verlierer ist. Du erahnst den Verlauf und kannst dennoch nicht glauben, dass es jetzt so kommen wird. Das ist auch ein spannendes Thema für einen Reporter: Wie früh lege ich mich fest? Wann verbalisierst du dein Gefühl über einen überraschenden Matchverlauf? Das Problem ist, dass du nicht zu häufig daneben liegen darfst, da du sonst schnell inkompetent wirkst. Fehler oder falsche Analysen werden dir schnell vom Zuschauer vorgehalten, besonders im Zeitalter von Social Media. Es gibt Kollegen, die sich nicht festlegen wollen, ehe nicht für jeden sonnenklar ist, welchen Weg ein Darts-, Tennismatch oder Fußballspiel einschlagen wird. Das finde ich, ehrlich gesagt, furchtbar, weil der Reporter seine Gefühle, seine Intuition unterdrückt. Sport ist doch Emotion. Anfangs hatte ich oft auch nicht den Mut dazu, heute versuche ich mein Bauchgefühl zu erklären, lasse die Zuschauer an meinen Gedanken teilhaben. Aber nochmal: Zu häufig darfst du nicht daneben liegen, sonst lacht dich der Zuschauer aus.

12:11. Zum allersten Mal in diesem Finale geht Scott Waites in Führung. Es ist beinah tragisch, mit anzusehen, wie James Wade den Titel verspielt, der schon in Reichweite war. Waites' Lebensgefährtin Lucy hält es gar nicht mehr auf dem Sitz, das Publikum steht längst hinter Waites. Den ersten Leg-Gewinn zum 1:8 hatten sie noch belächelt, doch plötzlich wurde es ein bemerkenswertes Match mit völlig ungewöhnlichem Verlauf. Die Doppelquote von Wade geht in den Keller. Es ist unglaublich, wie sich auf einmal diese Krise bei Wade breitmacht. Das Selbstvertrauen wird mit jedem Fehler kleiner. 14:11 für Waites. Scotty 2 Hotty hat 14 der letzten 17 Legs gewonnen. Und auch wenn James Wade jetzt mit zwei Darts nochmal 70 Punkte zum 12:14 checken kann, die Partie ist entschieden. Scott Waites ist der erste und bislang einzige Spieler der BDO, der den Grand Slam of Darts gewinnt. „Das ist der beschissenste Moment in meinem ganzen Leben", hören wir Wade nach dem 12:16 später im Interview auf der Bühne sagen. Waites kann sein Glück überhaupt nicht fassen: „James hat mir immer wieder Möglichkeiten gegeben, und irgendwann wusste ich, ich werde jede einzelne Chance ergreifen."

Viertelfinale des World Matchplay 2011: Whitlock gegen Hamilton

Donnerstag, 21. Juli 2011. Es läuft die Viertelfinalsession des World Matchplay im Winter Gardens von Blackpool. Der Australier Simon Whitlock führt 15:8 in den Legs gegen Andy „The Hammer" Hamilton. „The Wizard" braucht nur noch ein Leg, um wie im Jahr zuvor das Halbfinale zu erreichen. 108 Punkte Rest. Es ist Whitlocks erste Chance, das Match zu beenden: 7, 17, 16 – 40 Punkte sind zu wenig. Hamilton checkt die Doppel-16. Und damit beginnt eine unglaubliche Aufholjagd. Er eröffnet das nächste Leg mit vier perfekten Darts, spielt einen 12-Darter zum 10:15. Für Whitlock sind dies die ersten Signale, dass hier noch Probleme auftauchen könnten. Trotzdem: Noch ist der Vorsprung üppig. Whitlock hält dagegen, bekommt wenige Augenblicke später seine ersten drei Matchdarts bei 40 Punkten Rest. Alle drei Darts landen knapp über der Doppel-20. Hamilton checkt, 11:15. Nächstes Leg: die nächste Chance für Whitlock, die Partie zu beenden. Hamilton dreht sich zum Publikum, er kann und will nicht hinsehen, was Whitlock da macht. Wieder soll es die Doppel-20 sein, doch auch dieser Dart landet oberhalb des Ziels, wie eine Kopie aus dem Leg zuvor. Die Zuschauer werden unruhig, ein Raunen geht durch den schönsten Austragungsort der Welt, diesem alten, in Gold gehaltenen Opernsaal. Ein paar unsichere Blicke des Australiers wandern in den VIP-Bereich zu seiner deutschen Freundin Steffi Lück. Hamilton checkt, 12:15. Andy Hamilton löscht auch 40 Punkte zum 13:15. Whitlock läuft die Zeit davon. Mit jeder Sekunde, die das Match andauert, wird es für ihn ungemütlicher. Der Druck, jetzt jede Gelegenheit nutzen zu müssen, wächst. Einen Matchdart bekommt er noch, bei 15:13, weil Hamilton die Doppel-16 um Millimeter verpasst. 80 Punkte Rest. Wieder stellt er sich die Doppel-20. Es ist wie verhext, auch diesmal schlägt der Dart oberhalb des Feldes ein. Drei Minuten später gleicht Hamilton aus, zum 15:15. Sieben Minuten später freut er sich wie ein kleines Kind, weil er 94 Punkte über das Bullseye zum Sieg checkt. Es ist das größte Comeback in der Geschichte des zweitältesten Turniers der PDC. Nach dem zwischenzeitlichen 8:15 holt sich The Hammer neun Legs hintereinander.

Die vielen Matches im Jahr, bei denen trotz komfortabler Führung Partien verloren werden, sind ein gutes Indiz dafür, dass Darts vor allem im Kopf entschieden wird. Es ist häufig eine einzige Aufnahme, die den Gegner aus dem Gleichgewicht bringt. Oder jemand verkrampft, weil plötzlich die große Chance besteht, weil er in dieser Sekunde die Entscheidung herbeiführen kann.

WM-Erstrunde 2012: Artut gegen Anderson

Wer weiß, wie die Karriere des deutschen Spielers Jyhan Artut verlaufen wäre, wenn er am 20. Dezember 2012 die Doppel-16 im zehnten Leg des Entscheidungssatzes gegen Gary Anderson getroffen hätte. Artut spielte in der ersten Runde der Weltmeisterschaft als krasser Außenseiter gegen den Flying Scotsman. Es sollte eines der besten Erstrundenmatches der langen WM-Geschichte werden. Der Deutsche führt in der Verlängerung dieses letzten Satzes mit 5:4 Legs. Er spielt eine bemerkenswert gute Partie, kann sich in wichtigen Momenten immer wieder auf die Doppel-20 verlassen. Beide Spieler stehen bei 241 Punkten Rest, Artut wirft das zweihundertste Maximum der Weltmeisterschaft. Es ist die bis dahin wichtigste 180 der gesamten Partie. 61 Punkte Rest, Anderson erzielt nur 55 Punkte, kommt damit nicht in den Finish-Bereich. Jyhan Artut hat sechs Darts Zeit für 61 Punkte, das ist eine gefühlte Ewigkeit. Er visiert die Treble-15 an, trifft die einfache 15, hat 46 Punkte Rest. Er versucht den Weg 14, Doppel-16. Aber warum? Artut wirkt fremdbestimmt, als er sich nach langer Zeit nicht die Doppel-20 stellt. Der erste

Matchdart trifft einige Zentimeter links von der Doppel-16 ins Board. Artut wirkt völlig überrascht, das „oh wow" ist gut von seinen Lippen abzulesen. Erst jetzt realisiert er, dass er einen falschen Weg eingeschlagen hat. Artut ist seinem Automatismus gefolgt. Bei 46 Punkten Rest spielt er immer 14, Doppel-16. Aber heute Abend, da er beinah alles über die Doppel-20 checkt? Es gibt im Darts kaum etwas Wichtigeres als ein großes Selbstvertrauen auf ein Doppelfeld zu haben. Das ist etwas, was du dir erarbeiten musst, wofür du eine Serie von Treffern brauchst. Drei Matchdarts bleiben Artut bei 32 Punkten Rest. Er atmet nochmal durch. Wieder landet der erste Dart links vom Ziel. Artut korrigiert, setzt etwas weiter rechts an, trifft die einfache 16. Vierter Matchdart, Doppel-8. Jyhan Artut bekommt im wichtigsten Moment seiner Karriere seine Darts nicht unter Kontrolle. Er verpasst die Doppel-8 deutlich, Anderson checkt 52 Punkte und holt sich kurze Zeit später den Sieg.

Darts ist ein Zweikampf. Beim Match eins gegen eins wird immer wieder auf das reagiert, was der Gegner macht. Eine Aktion ruft eine Reaktion hervor. Und bis zur Doppel-8 konnte Artut agieren, Anderson nur reagieren. Doch die vergebenen Matchdarts verkraftet der Außenseiter nicht. Im Entscheidungs-Leg trifft der Deutsche nur noch ein einziges Treble-Feld. Anderson wirft 45, 180, 100, 100, 76. Er verwertet gleich den ersten Matchdart. Wer weiß, welchen Schub Artuts Karriere bekommen hätte, wenn er einen der vier Matchdarts versenkt hätte.

Die Angst zu versagen

Versagensangst ist ein großes Thema im Dartssport. Spieler, die sich in Krisen befinden, befällt die Sorge, dass alte Probleme im nächsten Match erneut auftreten werden, dass sie wieder im gleichen Moment versagen. Wer Spieler wie Simon Whitlock, Paul Nicholson, Wes

Newton, Kevin Painter oder John Part in den vergangenen zwei, drei Jahren erlebt hat, konnte diese Versagensangst förmlich spüren. Auch bei Tomas „Shorty" Seyler, dem SPORT1-Dartsexperten, habe ich sie immer wieder hautnah erlebt. Eigentlich verrückt: Durch seine TV-Tätigkeit stiegen die Erwartungen beim Zuschauer, wenn er selber in Aktion trat. Häufig hieß es: Wer den Darts-Gott Taylor kritisiert, soll es erst mal besser machen. Das kann natürlich nicht der Maßstab sein. Wenn nur derjenige Auftritte von Topspielern kritisieren darf, der selber einen 110er-Average spielt, haben wir keine Experten mehr. Trotzdem nagen diese Aussagen bis heute an Shortys Selbstvertrauen, und er setzt sich immer wieder enorm unter Druck, besonders wenn es bei einem deutschen Turnier auf die Bühne geht. Das ist dann der Moment, in dem er allen zeigen will, wie gut er ist. Auch sich selbst. Schließlich versucht er seit rund zwei Jahren, sich als Dartsprofi durch Preisgelder und Sponsoreneinnahmen den Lebensunterhalt zu verdienen. Und wenn ich ihn als Master of Ceremonies auf der European Tour auf die Bühne hole, mache ich natürlich Alarm. Na klar, wenn der Schleifstein einläuft. Aber auch das steigert natürlich die Erwartungen, von denen er und sein Spiel letztlich erdrückt werden.

Shorty hat lange Zeit einen Fehler begangen: Er hat die positive Resonanz durch das Publikum immer wieder sehr nah an sich rangelassen. Er reagierte auf Gesänge oder Anfeuerungsrufe, drehte sich zum Publikum, winkte ihnen zu. Für ihn war es teilweise eine Form von Höflichkeit, doch es lenkte ihn von seinem Match ab. Die in Stein gemeißelte Regel „Play the dartboard" ließ er außer Acht. Er war mit viel zu vielen Dingen beschäftigt: mit den Gegnern, mit den Zuschauern, mit der Frage, ob es diesmal endlich funktioniert. Die Gegner realisieren das übrigens sehr schnell. Als Shorty sich beim German Darts Masters in München 2016 für das Hauptfeld qualifizierte, um mal wieder in Runde eins auszuscheiden, kam sein Gegner, der Nordire William O'Connor, danach auf ihn zu und sagte:

„Das ist zu viel für dich in Deutschland. Du bist hier nicht frei. In England spielst du ganz andere Matches."
Wenn die Niederlagenserie und damit auch der Zeitraum der Krise immer länger wird, reagieren Spieler aus Verzweiflung mit Veränderungen. Teilweise werkeln sie plötzlich an der Wurfbewegung herum. Oder am allereinfachsten: Sie wechseln ihr Spielgerät, verändern ihre Darts. Shorty tat das Ende 2015, obwohl er 25 Jahre lang teilweise ziemlich erfolgreich mit denselben Darts gespielt hatte. Seitdem sind seine Pfeile sechs Gramm schwerer, 2,5 cm länger. Er traf sich mit Mentaltrainern, um Tipps einzuholen. Er sprach viel mit Spielern, die eine ähnliche Situation erlebt hatten oder aktuell erleben. Irgendwann sagte er mal: „Durch das Kommentieren bei SPORT1 habe ich angefangen, nicht nur die Technik und das Verhalten anderer Spieler zu analysieren, sondern auch mein eigenes Spiel. Ich habe mein Spiel kaputtanalysiert, habe alles infrage gestellt, weil ich ganz viel besser machen wollte. Doch der Schuss ging nach hinten los."

Mentaltraining

Darts ist ein Kopfspiel. Wer sich im mentalen Bereich verbessern will, braucht vor allem Matchpraxis, vielleicht aber auch ein spezielles Mentaltraining. Nicht nur Pfeile schmeißen, bis der Arzt kommt, sondern auch an der Psyche arbeiten. Wie gehe ich mit Nervosität um? Was tue ich, wenn ich mental unter Druck gerate, weil ich mit einem Wurf alles entscheiden kann? Ich wundere mich immer wieder, wie wenige Dartsprofis die Hilfe von Mentaltrainern in Anspruch nehmen. Egal, welchen Spieler man fragt, alle bestätigen, dass Darts mindestens zu 80 Prozent im Kopf entschieden wird. Jedem ist die Wichtigkeit dieses Aspekts klar, aber nur wenige lassen sich von Profis helfen.

Mensur Suljovic ist einer der wenigen Spieler, die durch diesen Schritt zum Erfolg kamen. Zusammen mit seinem Mentalcoach knackte der Österreicher die Top 20 der Welt. Mit ihm analysierte er sein Matchverhalten und besprach kritische Momente einer Partie. Er eignete sich Techniken an, um mit Nervosität besser umgehen zu können. Auch Raymond van Barneveld hat eine Zeit lang versucht, durch autogenes Training sein Spiel zu verbessern. Phil Taylor stellte hingegen ziemlich schnell fest, dass ihm diese Art des Coachings nicht weiterhilft. Mein Eindruck ist, dass sich die wenigsten Spieler tatsächlich darauf einlassen. Sie verlieren zu schnell die Geduld, glauben einfach nicht daran. Doch die jüngere Generation scheint solchen Trainingsformen gegenüber offener zu sein. Auch eine Reihe junger Briten lässt sich inzwischen beraten.

Im Profisport und vor allem in Konzentrationssportarten sind Mentaltrainer eigentlich gang und gäbe. Beim Bogenschießen gibt es keinen einzigen Topathleten, der ganz ohne Mentalcoach auskommt. Meiner Meinung nach ähneln sich gerade Darts und Bogenschießen im mentalen Bereich sehr. Bogenschützen arbeiten viel mit Visualisierung, das heißt, sie stellen sich im Geiste vor, wie der nächste Schuss abläuft, wie der Pfeil den Scheibenmittelpunkt trifft. Kaum zu glauben, aber wahr: Wenn Bogenschützen einen Pfeil abschießen, setzen sie rund 50 verschiedene Muskeln ein. Die können nicht alle bewusst gesteuert werden. Also versuchen sie es über ihr Gefühl. Sie stellen sich die Situation des perfekten Schusses vor und wiederholen den eben gefühlten Bewegungsablauf. Da gäbe es im Darts mit Sicherheit viele Ansatzpunkte. Spieler erzählen immer wieder davon, dass sie in guten Momenten schon kurz vor dem Wurf wissen, dass der Dart das Ziel treffen wird. Das ist so eine Art innere Überzeugung, die man wohl auch als Selbstvertrauen bezeichnen könnte. Als Profi einfach darauf zu hoffen, dass ich solch einen Moment schon irgendwie erwische, ist riskant. Man muss sich fragen: Wie kann ich diesen Zustand aktiv herbeiführen? Was kann ich vor allem tun, wenn es schlecht läuft? Es geht ja letztlich darum, einen Bewusstseinszustand zu erreichen, in dem die Darts optimal geworfen werden können. Und zwar möglichst vor jeder einzelnen Aufnahme – egal, wie gut der Gegner spielt, unabhängig vom Ergebnis, gleichgültig, wie viel Druck ich verspüre. Das lautstarke Publikum erschwert die Situation zusätzlich enorm. Im Gegensatz zu anderen Präzisionssportarten kommt beim Darts tatsächlich der Faktor Fan hinzu. Das Publikum beeinflusst unglaublich schnell und leicht die Emotionen eines Spielers. Besonders ungewöhnlich und gegen die Natur des Menschen ist es, den Zuschauer beim Wurf direkt im Rücken zu haben, ihn nicht sehen zu können. Diese unberechenbare Kulisse von Zigtausend Menschen wird ja teilweise auch zum Feind, den ich gern im Blick behalten möchte. Das ist beim Darts nicht möglich.

Im Flow

Das komplette Gegenteil der Versagensangst ist ein Zustand, der von Psychologen als Flow beschrieben wird. Umgangssprachlich sagt man auch, dass jemand einen Lauf hat. Wenn alles fließt, wenn alles wie aus einem Guss funktioniert. Beinahe mühelos, ohne Anstrengung. Raymond van Barneveld erreichte diesen Zustand im Entscheidungs-Leg des WM-Finals 2007 gegen Phil Taylor. Michael van Gerwen spielte wie in Trance, als er am vierten Spieltag der Premier League Darts 2016 gegen Michael Smith mit einem Average von 123,4 Punkten im Schnitt pro Aufnahme einen neuen Weltrekord aufstellte. Er war so tief in seine Welt eingetaucht, dass er kaum jubelte, kaum Emotionen zeigte, obwohl er letztlich jedes Feld traf, das er anvisierte. Wer sich dieses Match vom 25. Februar 2016 in Aberdeen noch einmal ansieht, wird jedoch feststellen, dass der Flow-Zustand ein paar Sekunden zu früh endete, nämlich als MVG seinen ersten Matchdart hatte. Plötzlich erwachte van Gerwen. Und dachte wohl darüber nach, was es bedeuten würde, die Doppel-18 zu treffen. Michael van Gerwen hätte dann einen Average von 136 gespielt, doch er verpasst mit allen drei Darts die Doppel-18, was ihm bis dahin nicht ein einziges Mal passiert war. Auf einmal hatte er Schwierigkeiten, den Sieg unter Dach und Fach zu bringen.

Ich halte die mentale Stabilität von Michael van Gerwen für eine seiner größten Stärken. Mit welcher Selbstverständlichkeit er seit rund drei Jahren die Tour beherrscht, ist schier unglaublich. Jedes Mal kommt er in der Gewissheit auf die Bühne, dass er das anstehende Match gewinnen wird. 2015 waren es 18 Turniersiege, 2016 sind es nicht viel weniger. Er ist überzeugt davon, aktuell der Beste zu sein. Er sagt das in Interviews, er zeigt es ein ums andere Mal auf der Bühne bei großen Turnieren, wenn er immer wieder in entscheidenden Situation seine besten Darts spielt. MVG lebt eine Dominanz, wie man sie vorher nur von Phil Taylor kannte. Taylor war über einen noch viel längeren Zeitraum die klare Nummer eins der Welt. Er legte Ende der 1990er-Jahre bei einer Weltmeisterschaft mal eine Serie von 44 Siegen in Folge hin. Neun Jahre lang konnte ihn bei der WM niemand bezwingen – von Runde eins im Jahr 1995 bis zum Finale 2003. Dann erst grätschte der Kanadier John Part dazwischen und holte sich seinen ersten PDC-Weltmeistertitel.

Phil Taylor ist aber auch ein gutes Beispiel dafür, wie solch eine über Jahre andauernde Souveränität relativ schnell verschwinden kann. Wie labil dieses Gebilde namens Selbstvertrauen ist. In diesen sogenannten Big-Point-Momenten war The Power beinahe jahrzehntelang immer wieder besser als die Konkurrenz, doch plötzlich war es damit vorbei. Gerade 2014 und 2015 gab der große Phil Taylor reihenweise Matches aus der Hand, weil er nicht den entscheidenden Dart im anvisierten Doppel unterbringen konnte. Immer wieder verpasste er die D8 und auch die D16. Da tat schon das Zusehen weh. Das große Problem beim Darts ist ja, ähnlich wie beim

Golf: Du kannst eine Partie nicht durch den Fehler des Gegners beenden, sondern musst den Putt erfolgreich spielen bzw. das Doppelfeld treffen.

Masters-Finale 2014: King gegen Wade

Sonntag, 2. November 2014. Mervyn King, der als krasser Außenseiter (bei einer Wettquote von 33:1) in das mit 160.000 Pfund dotierte Masters-Turnier geht, führt im Finale gegen James Wade 9:2. The King fehlen nur noch zwei Legs, um endlich seinen ersten Major-Titel bei der PDC zu holen. 2009 wechselte er von der BDO zur Professional Darts Corporation. Bei der BDO war er bereits in vielen großen Finals gescheitert, aber er gewann 2004 das World Masters, das älteste Turnier überhaupt, seitdem professionell Darts gespielt wird. 2005 kamen Siege bei der International Darts League und beim Zuiderduin Masters hinzu. Und das war's dann neun lange Jahre lang. King spielte acht weitere Finals vor Fernsehkameras, darunter zwei BDO-WM-Finals, 2009 das Finale der Premier League, 2010 das Finale der Players Championship, 2012 das Finale des World Grand Prix. Immer wieder war er nah dran, aber es reichte am Ende nie. Und jetzt führt er 9:2 gegen James Wade. Das könnte der Tag werden, an dem er sich auch selbst beweist, dass er zu einem PDC-Major-Sieg imstande ist. In den Runden zuvor hatte er Simon Whitlock, Justin Pipe und Michael van Gerwen bezwungen. 9:3. Wade checkt 501 mit zwölf Darts. Das ist klasse, doch wegen des großen Rückstands bedeutungslos. Mervyn King bekommt die Möglichkeit, den alten Vorsprung wiederherzustellen, hat 78 Punkte Rest. Er trifft die Treble-18, lässt aber beide Chancen auf Doppel-12 und Doppel-6 aus. Wade checkt. 4:9. Zum ersten Mal in diesem Match ballt Wade die Fäuste. Eine erste Hoffnung keimt auf, hier eventuell doch noch eine Wende einleiten zu können. James „The

Machine" Wade checkt 94 Punkte mit Treble-18, Doppel-20 – 9:6. Und dann schlägt King zurück. Es kommt der Moment, der dieses Finale normalerweise entscheidet. Nachdem vier Legs in Folge an Wade gingen, spielt Mervyn King ein Monster-Finish, er checkt 158 Punkte zum 10:6. Damit bringt er alle zum Verstummen, die ihm den Sieg nicht mehr zugetraut hatten. Ihm fehlt jetzt nur noch ein einziges Leg, und bei 40 Punkten Rest hat King drei Championship-Darts. Alle drei Darts treffen unter dem gewünschten Doppel ins Board. King wirft alle drei Darts zu sanft, mit zu wenig Druck, zu wenig Aggressivität. Oder besser: Er wirft sie zu verkrampft. Und was macht Wade? Er überwirft sich. Trifft bei 40 Punkten Rest die einfache 20, um dann versehentlich die Doppel-15 zu erwischen. No score. Es gibt drei weitere Matchdarts für King. 20 Punkte Rest. King konzentriert sich auffällig lange. Er ist in etwas verwickelt, das es im Darts immer wieder gibt: den Kampf mit sich selbst. Er bleibt zwei Meter vor der Wurflinie stehen, schaut ein paar Sekunden auf seine Darts, fokussiert das Board, atmet noch ein Mal in seine Wurfhand und geht dann entschlossen drei Schritt zum Oche. Wieder landen die ersten beiden Darts unterhalb des Doppels. Der dritte steckt ein, zwei Millimeter oberhalb. King flucht nicht, er schließt die Augen, als ertrage er nicht, was er da sieht. Seine Frau Tracey hat den Oberkörper vorgebeugt, vergräbt ihr Gesicht in den Händen. Sie weiß, wie viel ihrem Mann dieser Sieg bedeuten würde. James Wade trifft mit dem dritten Dart die Doppel-10. Kurze Zeit später steht es 9:10. King hat 86 Punkte Rest, Wade 128. Nach zwei Treffern in der Treble-18 verpasst James Wade die Doppel-10. Die nächste Chance wartet auf Mervyn King. Die ersten beiden Darts stecken in der 18. 50 Punkte Rest, der siebte Championship-Dart müsste ins Bullseye. Doch er will nicht. King trifft den Metallrand, der das Bullseye begrenzt. Sein Dart prallt vom Board ab. Er flucht, verzögert kurz und geht schimpfend zum Board. 10:10. Zum ersten Mal überhaupt erlebt diese Partie einen Gleichstand. Das Entscheidungs-Leg wartet. Wade hat 135 Punkte Rest. Er trifft das Bullseye, die Treble-15 und setzt seinen ersten Matchdart in die Doppel-20. Wade schreit, ballt seine Fäuste und schreit: „YES! YES! YES!" Zieht die Darts aus dem Board, dreht sich zu seinem Gegner und nimmt die Arme hoch, als wolle er sich entschuldigen. King schaut ihn an und sagt dreimal nacheinander ungläubig: „You win! You win! You win!"

Kapitel 6
Geschichte(n) – Darts gestern, heute und morgen

Die Ursprünge

Um die Entstehung von Darts ranken sich viele Legenden. Sie gehen zurück bis in die Keltenzeit, ins erste Jahrhundert nach Christus, spielen meist in England und haben häufig eine militärische Vorgeschichte. So soll durch ein dartsähnliches Spiel das kriegerische Geschick von Kämpfern verbessert worden sein. Man erzählt sich auch von Ritterspielen in Wirtshäusern, bei denen auf Baumstämme geschossen wurde. Sogar die Pilgerväter auf der Mayflower warfen bei ihrer Atlantiküberquerung im 17. Jahrhundert angeblich Pfeile auf Holzzielscheiben. Der Wahrheitsgehalt dieser Erzählungen ist allerdings zweifelhaft. Zum ersten Mal taucht das Wort „dartes" im 14. Jahrhundert im *Oxford English Dictionary* auf. Im 18. Jahrhundert gab es ein Spiel namens „puff and dart" oder „puff the dart", bei dem mit einem Blasrohr Pfeile auf ein Ziel geblasen wurden. In Frankreich warf man im 19. Jahrhundert kleine hölzerne Pfeile auf Zielscheiben – „Javelot" oder „Flechettes" nannten die Franzosen diese Freizeitbeschäftigung. Zusammen mit Holzmöbeln gelangten diese kleinen Pfeile nach England, wo ein Mann sich ganz besonders für sie begeisterte: Brian Gamlin, ein Zimmerer aus Bury, einem Vorort von Manchester. Gamlin reiste nicht nur durchs ganze Land, um Darts in die Pubs zu bringen, er ist auch für die Anordnung der Zahlen auf dem Board verantwortlich. Auch wenn bis heute niemand weiß, warum die Zahlen auf dem Board genau diese Anordnung haben, fällt eine Systematik ins Auge: Felder mit hoher Wertigkeit befinden sich gleich neben Feldern mit niedriger Wertigkeit. Verpasse ich beispielsweise das 20er-Feld knapp, steckt mein Dart in der 5 oder in der 1.

Darts wird in Großbritannien legalisiert

Weil Darts zunächst im Norden Englands in einigen Regionen als Glücksspiel galt, wurde es teilweise verboten. Ein gewisser James Garside, ein Pub-Besitzer aus Leeds, zog deshalb vor Gericht und gewann den sogenannten Annakin Case – ein Meilenstein in der Geschichte der Sportart Darts. Garside überzeugte den Richter, dass Darts nichts mit Glück zu tun hat. Dafür brachte er seinen besten Spieler mit vor Gericht: William „Big Foot" Annakin. Garside bat Annakin, drei Mal die Treble-20 zu treffen. Das allein überzeugte den Richter noch nicht. Also sollte ein Diener des Gerichts ebenfalls auf die Treble-20 zielen. Er verpasst die Scheibe, und damit war die Sache klar: „This is no game of chance", also kein Glücksspiel, lautete der offizielle Richterspruch, der Darts in ganz Großbritannien legalisierte.

In den ersten Jahren spielte man auf Ulmenholzscheiben. Nach jedem Abend wurden die Boards in Wasser gelegt, damit die entstanden Löcher wieder aufgeschwemmt wurden. Später erfand ein gewisser Ted Lagatt das erste Dartboard aus Ton. Die Darts glitten darauf im Unterschied zum Holzboard beinah geräuschlos in die Zielscheibe. 1935 kam dann das erste Sisalfaser-Board auf den Markt, das Nodor Original Birstle Dartboard. Es ist letztlich mit dem heutigen Steel-Dartboard vergleichbar. Auch hier verursacht das Auftreffen des Darts kein nennenswertes Geräusch. Und viel entscheidender: Die entstanden Löcher verschließen sich durch die einzelnen Fasern von selbst wieder. Beim Herausziehen der Darts legen sich die Fasern wieder in ihre Ausgangsposition.

Das erste Turnier

1927 wurde das erste große Dartsturnier in Großbritannien gespielt, die News of the World Championship. Die Sonntagszeitung *News of the World* veranstaltete zusammen mit dem damaligen Dartsverband NDA ein Kneipenturnier, an dem bis zu 289.866 Spieler teilnahmen. Stufe eins dieses Riesenevents waren Turniere in jeder teilnehmenden Kneipe. Wer gewann, spielte gegen die Sieger der anderen Kneipen aus seinem Viertel. Mit jeder Turnierrunde wurde das Einzugsgebiet größer, irgendwann begegneten sich die besten Spieler der jeweiligen Countys. Das Finale wurde in der Royal Agricultural Hall in London ausgetragen. 1939 sind knapp 15.000 Zuschauer dabei, die auf mitgebrachten Bierkästen sitzen und einen wunderbaren Abend erleben. Ohne Leinwand, versteht sich. Die Matches sind für den Zuschauer kaum nachzuvollziehen – doch das macht nichts. Alle Partien werden im Modus „Best of 3" gespielt – eine brutale, weil äußerst kurze Match-Distanz. Spielerische Klasse kommt ja vor allem bei längeren Distanzen zum Tragen, zwei Legs kann auch ein schwächerer Spieler schnell mal gewinnen. Das bekam auch Phil „The Power" Taylor ein ums andere Mal zu spüren. Obwohl er zigfach teilgenommen hatte, konnte er sich erst bei der letzten Auflage dieser News of the World Championship durchsetzen. Erst als bereits fünfmaliger Weltmeister gewann er 1997 dann endlich auch das traditionsreichste Turnier in der Geschichte des Darts im Finale gegen Ian „Diamond" White, einem heutigen Top-20-Spieler der PDC.

Zigaretten, Alkohol und The Crafty Cockney

Darts hat in den letzten 100 Jahren drei Boomphasen erlebt. Die erste wurde durch die News of the World Championship ausgelöst. Als Queen Mum das Turnier 1937 im Bürgerzentrum von Slough eröffnete, ging Darts in England durch die Decke. Der Dartsverband wurde daraufhin angehalten, seinen Sport auch der Mittel- und Oberschicht zu erklären. Man eröffnete sogenannte Darts-Saloons, in denen Anfängerkurse angeboten wurden. Doch mit Beginn des Zweiten Weltkriegs endete dieser Boom abrupt. Darts ging dahin zurück, wo es herkam: in die Kneipe.

Die zweite Boomphase fand in den 1980er-Jahren statt. Das war eine wilde Zeit, geprägt von charakterstarken Typen. Darts erzielte in England TV-Rekord-Einschaltquoten, und die Spieler waren bekannt wie bunte Hunde. Da gab es z. B. Eric Bristow alias „The Crafty Cockney", ein arroganter Sprücheklopfer, der beim Wurf den kleinen Finger zur Seite streckte, wie vornehme Engländerinnen es tun, wenn sie ihre Teetasse halten. Bristow reiste vorzugsweise mit einer weißen Stretchlimousine zu Turnieren an. Es gibt unzählige Geschichten über den fünfmaligen Weltmeister. Er berührte die Menschen, er polarisierte. Die Fans hassten ihn wegen seiner Arroganz oder liebten ihn aufgrund seines Gehabes. Besonders emotional wurde es, wenn der Engländer Bristow in Schottland spielte, am besten gegen den zweimaligen schottischen Weltmeister Jocky Wilson – ein Unikum, klein gewachsen, mit ganz eigentümlichem Wurfstil. Bristow hatte ihn einmal kurz vor Wilsons Walk-on mit der Picke vors Schienbein getreten. Und zwar so stark, dass Wilson blutete, sich aber wegen der TV-Übertragung nichts anmerken lassen wollte. Als Bristow selbst in Richtung Bühne marschierte, versuchte ein schottischer Fan, ihm mit Glasscherben in der Faust die Hand zu schütteln. Damals ging es beim Darts teilweise ganz schön rau zur Sache … Eric Bristow wurde an solchen Abenden ausgebuht, als gäbe es kein Morgen. Und was machte er? Provozierte einfach immer weiter. Bierbecher flogen auf die Bühne. Er hob sie auf, trank sie aus und warf sie zurück. The Crafty Cockney stellte sich ans Oche, traf die Treble-20, drehte sich zu den Fans, ließ sich noch mehr ausbuhen, warf noch eine Treble-20, drehte sich wieder um, warf eine einfache 20, grinste übers ganze Gesicht, und die Leute hatten ihren Spaß. 1989 wurde Bristow vom englischen Königshaus zum Ritter geschlagen und ist seitdem MBE, Member of the Bristish Empire. Keinem anderen Dartspieler aus Großbritannien wurde diese Ehre bisher zuteil, auch Phil Taylor nicht, den Bristow Mitte der 1980er entdeckte und anfangs auch finanziell unterstütze.

Bristows größter Konkurrent in den 1980er-Jahren war der dreimalige Weltmeister John Lowe. Bristow und Lowe waren zwei Spieler, die unterschiedlicher nicht sein konnten. Der eine, Bristow, laut und schrill, der andere introvertiert, ein stiller Arbeiter. Gemeinsam dominierten sie die Dartswelt knapp 15 Jahre lang. Von der ersten Weltmeisterschaft überhaupt im Jahr 1978 bis 1992 gab es kein einziges WM-Finale ohne Lowe und/oder Bristow. Drei Mal kam es sogar zum großen Showdown, schafften es beide in den finalen Sonntag – zwei Mal mit dem besseren Ende für Bristow. So sehr sich die beiden privat mieden, so sehr respektierten sie sich als Profispieler. Um finanziell eine Absicherung zu haben, vereinbarten sie 1977, ihr erzieltes Preisgeld jeweils zu teilen. Das war so eine Art Preisgeldgarantie, weil einer der beiden immer im Finale stand. Doch lange ging dieser einmalige Pakt nicht gut. Zu häufig gerieten sie aneinander, ärgerte sich der eine über den anderen. Bristow kündigte nach sieben Jahren, Anfang Oktober 1984, die Vereinbarung auf. Und was passiert exakt eine Woche später? John Lowe gelingt der große Wurf. Im Viertelfinale des World Matchplay wirft er in der Partie gegen Keith Deller den ersten 9-Darter in der Geschichte vor laufenden Fernsehkameras. Zur Belohnung gab es 102.000 Pfund. Hätte Bristow diese eine Woche gewartet, wären 51.000 Pfund auf sein Konto geflossen …

Bis Ende 1988 war bei Profi-Dartsturnieren der BDO (British Darts Organisation) der Konsum von Alkohol und Zigaretten erlaubt. Den Spielern hing also während ihrer Matches nicht nur eine Kippe im Mundwinkel, es stand auch immer ein Pint Bier oder ein Glas Whisky auf der Bühne. Je länger das Match dauerte, desto mehr wurde getrunken. Das WM-Halbfinale von 1984 zwischen

Jocky Wilson und David Whitcombe ging über die maximale Distanz von elf Sätzen. Whitcombe versenkt seinen Matchdart, dreht sich um, möchte dem Gegner die Hand schütteln, doch Wilson ist gar nicht mehr da. Der Schotte hatte sein Gleichgewicht verloren und war von der Bühne gefallen, mitten in die Zuschauer. Cliff „Big Cliff" Lazarenko war an anderer Stelle einmal Ähnliches passiert. Auch er fiel von der Bühne, verletzte sich an der Hand und musste ins Krankenhaus. Routinemäßig fragte der Arzt, ob Lazarenko etwas getrunken habe. Ja, antwortete dieser: „22 Pints." Das sind über zwölf Liter Bier!

Big Business

Den dritten Darts-Boom erleben wir aktuell. Darts ist inzwischen zu einem richtigen Geschäft geworden. Über 10 Millionen Pfund Preisgeld werden 2016 bei der PDC verteilt. An der Höhe des Preisgelds lässt sich die Entwicklung einer Sportart gut ablesen.

Springen wir noch mal kurz in die 1970er-Jahre zurück, zu den allerersten Schritten des professionellen Darts. 1974 fand zum ersten Mal das World Masters statt, das erste große Turnier der im Jahr zuvor gegründeten British Darts Organisation. Ihr Gründer Olly Croft strukturierte Darts komplett neu. Danach wurde nicht nur in unterschiedlichen Pub-Ligen gespielt, sondern man trug sich auch zum ersten Mal mit dem Gedanken, Darts als Profisport zu etablieren, Spielern ein Profi-Dasein zu ermöglichen. 1974 wurden beim World Masters 800 Pfund verteilt. 1976 fanden bereits vier Turniere statt, mit einem Gesamtpreisgeld von gut 4000 Pfund. 1978 kam dann die erste Weltmeisterschaft dazu. Sie war mit über 10.000 Pfund dotiert. Der Sieger Leighton Rees aus Wales kassierte 3000 Pfund, damals eine Menge Geld.

Treffen in München 2006 am Abend vor dem Meet-The-Power Event. Taylor hatte seine Teilnahme ja zunächst abgesagt und kam dann doch kurz entschlossen nach München.

Deutscher Zuschauerrekord bei einem Darts-Turnier: 3511 Fans kommen am 3. September 2016 in die SACHSENarena nach Riesa.

Eine kleine, bestens eingespielte niederländische Crew ist für den Livestream der European Tour verantwortlich. Spotter, Regisseur, Bildmischer. Zu dritt, ohne einen einzigen Kameramann, produzieren sie mit hoher Qualität das Signal.

Warm Up in Mülheim. Zusammen mit den Walk-On-Girls warte ich auf den Zuschauer, der gerade auf dem Weg zu uns auf die Bühne ist. Diesmal gibt es ein Quiz.

Alle Banane. Und das ist gut so. Bin großer Fan von all den Kostümen bei Darts-Events.

Ein feiner Kerl: Peter Wright. Gerade mit ihm machen die Interviews auf der Bühne große Freude. Weil ein Interview bei den Peter-Wright-Gesängen aber gerade nicht zu verstehen war, bat ich den Fotografen um dieses Foto.

Eine Zeitlang waren wir morgens beim Joggen vor einem European Tour Event eine richtig nette Runde. Hier in Düsseldorf waren der Caller Kirk Bevins, Sebastian Mayer (PDC Europe), meine Freundin Svenja und Justin »The Force« Pipe dabei. Gerade mit Pipe habe ich in den letzten Jahren einige Runden gedreht.

Die etwas anderen Walk-On-Girls. Vor diesem Bild mussten wir einige Sekunden warten, weil jede der sechs Grazien einen kleinen Ventilator unterm Kostüm hatte, um den feinen Zwirn in Spannung zu halten.

Besonderer Dresscode: Einkleidung bei Trachten Angermaier in München im Vorfeld des European Tour Events. Michael van Gerwen und Russ Bray machen selbstverständlich auch hier eine gute Figur. Russ hat in diesem Outfit das Finale gecalled. Zum ersten Mal war damit ein Caller nicht in Stoffhose auf der Bühne.

Es gibt Dinge, die muss jeder Darts-Fan einmal in seinem Leben getragen haben. Die Brille von Blackpool gehört definitiv dazu. Ein wichtiges Accessoire beim World Matchplay, dem zweitwichtigsten Turnier im Jahr.

Eines darf bei der WM nicht fehlen: der Weihnachtspulli mit blinkendem Bambi. Nicht schön, aber sinnvoll ist der Hinweis, dass man diesen Pullover nicht waschen darf – wegen der Batterien, die sich an der Innenseite befinden. Lüften ist angesagt – aber dazu hat man ja gut 11 Monate im Jahr Zeit. Mit Sascha Stein und Tomas Seyler.

Manchmal bekommen auch die Walk-On-Girls Fragen auf der Bühne gestellt. Sonia macht selbstverständlich auch dabei eine gute Figur.

Besonders groß ist der Bereich im Pressezelt nicht, den SPORT1 im Ally Pally zur Verfügung gestellt bekommt ...

Max Hopp zeigt mir stolz seinen kurz zuvor gewonnen Pokal der World Youth Championship. Damit schrieb der Maximiser Geschichte. Das war keinem Deutschen zuvor gelungen!

Hunderte deutscher Fans begeben sich inzwischen jedes Jahr auf den Weg zur WM nach London in den Ally Pally. Die Grüße sind angekommen. Vielen Dank!

Parken überall erlaubt. Der Stopp in der 11-Freunde-Bar in Essen ist ein Muss. Wir sind zu Gast beim Fan-Talk auf SPORT1.

No score. Highlight des Abends ist dieser Fehlwurf von Peter Neururer. Jeder Gast bekam die Gelegenheit, drei Darts zu werfen, Neururer verfehlte knapp.

Zu Gast in Bremen bei der WM-Auftaktparty im Kiepenkerl. Shorty hatte geladen und wir hatten ein paar Phrasenschweine dabei.

Wir treffen dort auch Deutschlands WM-Rekord-Teilnehmer Jyhan Artut. Leider war das Phrasenschwein kein besonders guter Glücksbringer. Das Aus kam in Runde 1 gegen Stephen Bunting.

Wenige Tage vor Start der Road to Ally Pally sind wir bei einem Autofolierer, um unserem Bus das richtige Design zu geben. Der Alexandra Palace kommt großflächig auf die Seite des Busses.

Unsere erste Station der Road to Ally Pally ist Wien. Wir besuchen Mensur Suljovic in seiner Kneipe, die seinen Spitznamen trägt: The Gentle.

Großzügig, komfortabel. Wir reisen natürlich First Class nach England. Morgens um kurz vor 6 Uhr weckt uns eine Kabinendurchsage.

Erstes englisches Frühstück auf der Insel. Nach einer kurzen Nacht auf der Fähre von Rotterdam nach Hull genau die richtige Entscheidung.

Kurzes Treffen mit Weltmeister Stephen Bunting und David Pallett. Bunting war extra morgens um 5 Uhr losgefahren, um dieses Treffen zu ermöglichen.

Michael van Gerwen treffen wir auf der Road to Ally Pally in Oldham. Er spielt dort am Abend eine Exhibition. Nachmittags haben wir Zeit für ein ausführliches Interview.

Stoke-on-Trent ist nicht irgendein Ort in England. Hier kommen Taylor, Lewis, Hamilton, White und einige andere Topspieler her. Viele Dartskneipen findet man dort dennoch nicht.

Gerne folgen wir der Einladung der Familie Wright. Wie sollte es auch anders sein: Peter »Snakebite« Wright trägt bunte Klamotten. Doch diesmal ist er als Elfe verkleidet ...

Peter und seine Frau Joanne haben extra für unser Kommen eine Weihnachtsparty organisiert. Der Baum ist tatsächlich acht Meter hoch.

Wir brechen wieder auf. Kurz vor dem Ziel haben wir einen Unfall. Aber auch davon lassen wir uns nicht aufhalten und erreichen schließlich unseren Sehnsuchtsort!

Wir haben es geschafft: Nach 11 Tagen erreichen wir den WM-Austragungsort, den Alexandra Palace in London. 17 WM-Teilnehmer haben wir getroffen, über 4000 km zurückgelegt.

Das Fernsehen zeigte Anfang der 1980er-Jahre ein immer größeres Interesse an der Übertragung von Dartsturnieren. Damit wurde es leichter, größere Sponsoren zu finden. 1984 überstieg das Gesamtpreisgeld erstmals die Marke von 100.000 Pfund. 1988 waren es bereits 364.231 Pfund. Doch das sollte zunächst ein erster einsamer Höhepunkt bleiben. Darts bekam nämlich ein großes Imageproblem, da der Alkoholkonsum der Spieler auf der Bühne immer häufiger thematisiert wurde. Sponsoren sprangen ab. Die Anzahl an TV-Turnieren reduzierte sich auf die Weltmeisterschaft, das einzige hoch dotierte Event im Jahr 1989. Das genügte nicht, um eine Profi-Tour aufrechtzuerhalten, und so schlossen sich 1992 16 Weltmeister zusammen und gründeten das World Darts Council (WDC). Daraus wurde 1997 die Professional Darts Corporation, die sich ausschließlich um die Profiszene kümmert und nichts mit dem Breitensport zu tun hat. Ziel war es von Beginn an, eine Tour auf die Beine zu stellen, bei der möglichst viele Spieler als Profi ihre Karriere verfolgen können. Das brauchte Zeit.

Die erste Weltmeisterschaft 1994 war mit insgesamt 64.000 Pfund dotiert, der Weltmeister Dennis Priestley ging mit 16.000 Pfund nach Hause. Fünf Jahre später, 1999, kassierte Weltmeister Phil Taylor immerhin schon 30.000 Pfund. 2017 werden es 350.000 Pfund sein, knapp eine halbe Million Euro. Das Preisgeld für die Weltmeisterschaft hat sich seit Gründung der PDC in den vergangenen 24 Jahren mehr als verzwanzigfacht. Das ist bemerkenswert. Und auch die Turnierlandschaft von damals hat nichts mit dem zu tun, was heute passiert. 1994 gab es insgesamt gerade mal sieben Turniere. Heute finden allein zehn Major-Events im Jahr statt, dazu die Premier League mit ihren 16 Spieltagen. Es gibt die Pro Tour, die abseits von Fernsehkameras ausgespielt wird: 20 Players-Championship-Turniere, die jeweils mit 75.000 Pfund dotiert sind. Und zehn European-Tour-Events, von denen sieben in Deutschland stattfinden. 64 Spieler erhalten pro Jahr eine Tour-Card.

Auf der Suche nach neuen Märkten

Will die PDC mehr Spielern eine finanziell interessante Karriere bieten, muss sie wachsen. Nur wenn sie mehr Geld umsetzt und einnimmt, kann sie in Form von höheren Turnier-Preisgeldern auch mehr Geld an die Spieler ausschütten. Das Problem dabei ist, dass die aktuellen Hauptmärkte ziemlich ausgereizt sind, allen voran natürlich England. Dort existieren langjährige TV-Partner, große Titelsponsoren, und die Veranstaltungen sind allesamt gut besucht. In Deutschland ist es ähnlich: Die Entwicklung, die Darts in den letzten zehn Jahren hier genommen hat, ist weltweit einzigartig. Die TV-Rechte sind um weitere fünf Jahre, bis 2022, verlängert worden, es finden acht Turniere im Jahr auf deutschem Boden statt, die von weit über 100.000 Zuschauern besucht werden. Die Niederlande haben 2016 mit dem allerersten Premier-League-Spieltag auf holländischem Boden gezeigt, dass da in Zukunft eventuell noch mehr passieren könnte. 10.000 Tickets waren innerhalb von 47 Minuten ausverkauft, und die Ahoy Arena von Rotterdam erlebte einen der stimmungsvollsten Dartsabende in der Geschichte der Premier League. Die Niederlande sind mit knapp 17 Millionen Einwohnern jedoch ein ziemlich kleines Land, das wirtschaftliche Potenzial ist begrenzt.

Um ihr Volumen deutlich steigern, benötigt die PDC zusätzliche Märkte. Aktuell werden in nur acht Ländern PDC-Turniere ausgetragen: in England, Schottland, Wales, Irland, den Niederlanden, Belgien, Österreich und Deutschland. Dazu gibt es kleinere WM-Qualifikationsturniere in Australien, Asien oder Osteuropa, mit der die Tour an sich jedoch nichts zu tun hat. Und seit 2013 gibt es die World Series of Darts. Sie ist ein wichtiger Baustein des Verbands, mit dem man versucht, eine größere Aufmerksamkeit in anderen Ländern zu erzeugen. Die PDC schickt dazu ihre acht wichtigsten Spieler auf Weltreise. Dubai, Auckland, Shanghai, Tokio, Sydney und

Perth hießen die Stationen 2016. Gerade der asiatische Markt birgt unglaubliche Möglichkeiten. Das haben inzwischen sehr viele Sportarten erkannt und versuchen, irgendwie von der Kaufkraft der vier Milliarden Einwohner zu profitieren. Vier Milliarden Asiaten, das entspricht 60 Prozent der Erdbevölkerung. Auch die PDC hofft, dass dort irgendwo jemand ist, der sich bei der PDC nach vorne spielt und dann als Zugpferd fungieren könnte. Seit die PDC nach Asien reist, haben Spieler wie Phil Taylor immer wieder begeistert von ihren Besuchen dort erzählt. Nicht selten fiel der Satz: „In zehn Jahren kommt der Weltmeister aus China." Noch ist davon nichts zu sehen. Die meisten Asiaten spielen Darts an elektronischen Dartboards. Sie haben noch nicht den Standard eines guten PDC-Spielers, auch wenn Chinesen, Japaner, Indonesier oder Thailänder seit Jahren an der Weltmeisterschaft teilnehmen.

Die PDC braucht Geduld, das wissen die Verantwortlichen um Chef Barry Hearn. Sie sehen es unter anderem an Deutschland. Sportarten wachsen am schnellsten mit nationalen Sporthelden. Doch die kann sich niemand backen. Auch Darts-Deutschland wartet noch auf einen Spieler, der die Top 10 der Welt aufmischt. Umso erstaunlicher, was für eine Entwicklung auch ohne einen solchen Helden in den letzten Jahren stattgefunden hat. Bei drei deutschen Spielern erleben wir zumindest den ernsten Versuch, es in die Weltspitze zu schaffen: Max Hopp, Jyhan Artut und Shorty Seyler haben sich vor rund zwei Jahren für eine Profikarriere entschieden.

Darts in Deutschland

Manchmal sitze ich an turbulenten Turniertagen auf meinem Holzstuhl hinter der Bühne und vergleiche das Geschehen mit den Anfängen, als alles noch viel kleiner war. Als nur wenige an einen Darts-Boom in Deutschland glaubten. 2006 gründete Werner von

Moltke die German Darts Corporation und startete eine eigene Turnierserie in Deutschland in Kooperation mit der PDC. Das waren klassische Pro-Tour-Events mit gerade mal 6000 Euro Preisgeld. Sie galten als Ranglistenturniere und fanden ohne Zuschauer statt, ohne Bühne, ohne TV. Turniere, wie sie im Darts übrigens bis heute gang und gäbe sind und wie sie seit Einführung einer Verbandsstruktur Mitte der 1970er-Jahre in England zum Turnieralltag gehören. Wer zu einem Turnier des Deutschen Dart Verbands fährt, wird das auch 2017 genauso erleben. Viele Teilnehmer, zig Boards, kaum Zuschauer. Der Gewinner kommt eine Runde weiter, der Verlierer schreibt.

Bis 2006 war es für Darts-Deutschland ja auch völlig normal, dass Zuschauer keinen Eintritt zahlten. Das „Meet The Power"-Turnier Ostern 2006 war diesbezüglich eine Revolution. Kein Mensch in der deutschen Dartsszene glaubte, dass die Fans für ein Dartsturnier Eintritt zahlen würden. Da hatte sich in Deutschland 30 Jahre lang eine Sportart kleiner gemacht als sie war. Werner von Moltke hatte den Mut, diesen Schritt zu gehen. Er holte Taylor, van Barneveld, den jungen Adrian Lewis und kassierte 10 Euro Eintritt für die Tagesveranstaltung. Und was passierte? Über 300 Turnieranmeldungen gingen ein, die Tickets waren im Nu vergriffen. Wir waren fassungslos, als wir morgens um 10 Uhr, zwei Stunden vor Einlass auf eine 50 Meter lange Warteschlange von ungeduldigen Zuschauern stießen. Wir dachten, ehrlich gesagt, es würde irgendwo ein zweites Event parallel im Kunstpark Ost stattfinden, von dem wir nichts wussten.

„Meet The Power" I: das erste Turnier auf deutschem Boden mit Phil Taylor seit den German Open in Berlin 1993. Und dann das: Donnerstagabend, zwei Tage vor Turnierbeginn, sagt Taylor mit der Begründung ab, seine Tochter habe Meningitis. Das war der SUPER-GAU. Ein „Meet The Power"-Event ohne The Power. Schnell wurde Raymond van Barneveld eingekauft. Der unterbrach seinen Urlaub und ließ sich diesen Auftritt gut bezahlen. Als der damalige

Assistent von Taylor dann am Tag vor Turnierbeginn zusammen mit dem noch unbekannten Adrian Lewis in München landete und in nobler A8-Karosse vom Flughafen abgeholt wurde, telefonierte er gleich auf dem Weg zum Hotel mit The Power und sagte: „Die meinen es ernst. Komm sofort nach München." Taylor kam. Noch am selben Abend. Und damit hatte dieses Einladungsturnier die beiden ganz Großen des Darts vereint. van Barneveld war erst wenige Wochen zuvor zur PDC gewechselt. Das Duell Taylor vs. Van Barneveld hatte es bis dahin in 16 Jahren nur zwölf Mal gegeben. Im Finale stand nun das dreizehnte Aufeinandertreffen an. Keiner der 1200 Zuschauer hatte die stickige Tonhalle mit ihrer niedrigen Decke verlassen. Gut zehn Stunden nach Turnierbeginn gewann Phil Taylor das Finale mit 7:5 Legs. Er spielte nicht nur einen 107er Average, sondern fast auch einen 9-Darter. Als der achte perfekte Dart in der T19 landet, führt der deutsche Caller, Gordan Shumway, sein Mikrofon etwas hektisch in Richtung Mund. The Power wird dadurch abgelenkt und verpasst die D12. Na, toll!

TV-Turniere

Ranglistenturniere sollten für Werner von Moltke und die GDC natürlich nur der Auftakt sein. Man hatte immer das Ziel, Events zu veranstalten, die mit den Turnieren aus TV-Übertragungen vergleichbar waren, in großen Hallen, mit ein paar Tausend Zuschauern. Doch davon war man zu dieser Zeit meilenweit entfernt. Weder war das Zuschauerinteresse groß genug, noch hatte die GDC ausreichend Geld, um Events dieser Kategorie auf die Beine zu stellen. Das Publikum bestand letztlich aus Hobby-Dartsspielern, die die Profis mal erleben wollten. Es war ein Treffen der Dartsszene. Um große Hallen zu füllen, mussten neue Zuschauerkreise erschlossen werden. Das ging am einfachsten über TV-Zuschauer, die aber nicht unproblematisch waren: Sie waren durch die Fernsehübertragung einen Standard gewohnt, dem man nicht gerecht werden konnte. Auch das einzige Major-Turnier in Deutschland, die German Darts Championship, war 2007 noch nicht mit einem TV-Turnier aus Großbritannien vergleichbar. Zwar standen da eine Bühne und eine Handvoll TV-Kameras des Deutschen Sport Fernsehens, doch die meisten Matches wurden abseits dieser Bühne gespielt. Von einer Übertragung, wie sie die Kollegen von Sky Sports England hinlegten, waren wir damals so weit entfernt wie die Erde von der Sonne. Das Einzige, was der Major-Kategorie gerecht wurde, war das Teilnehmerfeld: Topstars wie Phil Taylor, Raymond van Barneveld, Adrian Lewis, James Wade oder Mervyn King waren mit dabei. Doch wenn diese Stars kaum eine Partie auf der Bühne bestreiten, haben die Zuschauer ziemlich wenig davon. Und das sorgte immer wieder für Unmut. Dabei war das Gerry Weber Convention Center in Halle/Westfalen mit rund 500 Zuschauern ordentlich besucht. Von der Grundstruktur her war aber auch die German Darts Championship kein Major-Turnier. Heute wird in einem 48er-Teilnehmerfeld gespielt, damals nahmen noch 128 Spieler teil. Damit war klar, dass nicht jedes Match auf der Bühne ausgetragen werden konnte, da das Turnier ansonsten ein paar Tage gedauert hätte. Folglich wurde auf 20, 25 Boards gespielt, die am Rande des großen Convention Centers positioniert waren oder in dessen breiten Fluren. Wer wann auf der Bühne spielen durfte, war immer wieder ein Riesenthema für Turnierdirektor Tommy Cox. Der Veranstalter wollte seinen Zuschauern die großen Namen bieten, doch die PDC sah es als Wettbewerbsverzerrung an, wenn Spieler eine unterschiedliche Anzahl an Bühnen-Matches hatten, bevor es in die Halbfinals ging. Alle vier Halbfinalisten durften also nicht mehr als ein Match auf der Bühne bestritten haben. Anstelle von Taylor vs. Mardle im Viertelfinale mussten sich die Zuschauer also Kevin McDine gegen Mark Walsh reinziehen. Auch nicht schlecht, bitte nicht falsch verstehen, aber nicht nach dem Geschmack der Fans. Taylor und Mardle spielten dann irgendwo an Board 9 oder 11. Eine Zuschauertraube von 15, 20 Leuten tummelte sich an so einem Board; wer noch weiter hinten stand, konnte ohnehin nichts mehr sehen. Das sorgte für Enttäuschung bei den Zuschauern. Und wenn man langfristig neue Zuschauer gewinnen möchte, sollte man sie auf keinen Fall enttäuscht auf den Heimweg schicken, denn: Wer enttäuscht wird, kommt nicht wieder.

Die European Tour

Es hat also Jahre gedauert, bis irgendwann eine Turnierform gefunden wurde, die den Aufbau eines TV-Major-Events hat und dennoch als Pro-Tour-Turnier bei der PDC gewertet wird. Erst seit 2015 wird auf der European Tour tatsächlich jedes Match auf der großen Bühne gespielt. Zuvor gab es noch eine zweite Bühne in einem anderen Raum, der für Zuschauer nicht zugänglich war. So spielte der „Bully Boy", Michael Smith, 2012 in der Wiener Neustadt auf der Nebenbühne einen 9-Darter, und keiner hatte ihn gesehen. Ich konnte mich nur auf die Bühne stellen und sagen, dass nebenan etwas Unglaubliches passiert war.

Genau darum geht es, meiner Meinung nach: Momente zu schaffen, die der Fan mit nach Hause nimmt. Am besten und liebsten sorgen die Spieler für solch einen Moment. Wird ein 9-Darter geworfen oder ein besonders hoher Average gespielt, erleben die Zuschauer einen Augenblick, an den sie sich jahrelang erinnern, vielleicht sogar ein ganzes Leben lang. Wenn das nicht passiert, müssen andere Momente her. Es ist eine Besonderheit von Darts-Veranstaltungen, dass der Fan ein Teil der Show ist. Sich selber auf der großen Leinwand zu sehen, mag für den einen peinlich und unangenehm sein, für manch anderen aber eine wunderbare Selbstinszenierung. So sind die Dance- und Kiss-Cams, die einzelne Zuschauer einfangen, ganz bewusst gewählte Werkzeuge, um den Fan emotional an dieses Event zu binden. Jede Verkleidung, jeder Spruch auf einem 180er-Schild gehört mit zur großen Party. Und so kann auch ein Warm-up witzige Momente haben, über die ich die nächsten Tage noch rede, durch die ich mich gerne an diese Veranstaltung erinnere.

Wer ein European-Tour-Ticket für den Samstagabend erworben hat, also für den zweiten Turniertag, der wird mit ein paar guten Erinnerungen nach Hause gehen. Versprochen. Am Samstagabend geht es ab. Da greifen dann auch die Topstars ins Geschehen ein, und es passiert genau das, was der Zuschauer aus den TV-Übertragungen kennt: Plötzlich steht die Nummer eins der Welt unten im Saal. Jetzt erlebt der Fan den Moment, auf den er die ganze Zeit gewartet hat, seinen Gänsehautmoment. Wer sich nicht rechtzeitig einen Platz am Gitter des Walk-on-Bereichs gesichert hat, wird keine Chance haben, mit Michael van Gerwen abzuklatschen. Und wer sich zu lange mit Getränkeholen oder ähnlichem aufhält, verpasst gleich sein gesamtes Match. Bei allen European-Tour-Events gilt die Distanz „best of 11". Wer sechs Legs gewinnt, ist im Ziel. Van Gerwen hat schon Partien gespielt, die kaum acht, neun Minuten dauerten. Und gerade das Tempo dieser neuen Darts-Generation bringt eine ungeheure Power mit und übt zumindest auf mich eine große Faszination aus.

Wie geht es weiter?

Was würde passieren, wenn Darts noch mehr den Verlockungen des Kommerzes erläge? Könnte es weiterhin mit seinen Stärken trumpfen? Ist Darts überhaupt massenkompatibel? Eins steht fest: Darts ist die etwas andere Sportart, das ziemlich andere Event. Damit hebt es sich von einer Vielzahl an Events ab, die heutzutage veranstaltet werden. Wir leben heute in einer Event-Gesellschaft. Zuschauer besuchen Sportveranstaltungen nicht nur wegen des Sports. Sie wollen breiter unterhalten werden, da hat sich in den vergangenen 30 Jahren einiges getan. Ein Besuch beim FC Bayern München oder bei Borussia Dortmund geht weit über das eigentliche Fußballspiel hinaus, es ist ein gesellschaftliches Ereignis. Da treffen sich Geschäftspartner in Logen und VIP-Räumen, große Merchandising-Shops setzen riesige Summen um, weil Fans und Zuschauer sich ein Andenken mitnehmen wollen. Mannschaften laufen zu Musik ein. Beim Basketball, Eishockey oder Handball ist das nicht anders. Einige Sportarten sind schnell auf diesen Zug aufgesprungen, andere bekommen das bis heute nicht hin.

Darts passt in diese Event-Zeit wunderbar hinein. Dartsturniere sind viel mehr als fünf, sechs Partien am Abend. Es hat aber nicht die massenkompatiblen Stars. Ist der Weltranglistenerste Michael van Gerwen der perfekte Botschafter für alle Gesellschaftsschichten? Ich glaube nicht. Und er darf es auch gar nicht sein. Darts ist Nische – und die muss sich dieser Sport dringend bewahren, auch deshalb ist er anders. Viele Zuschauer fasziniert diese andere Welt, mit der sie durch den Sport in Berührung kommen. Die Frage ist: Wo fängt ein Massenphänomen an und wo hört die Nische auf? Die Grenze ist fließend. Auch wenn Darts in Deutschland immer bekannter wird und sich in Richtung gesellschaftlicher Mitte bewegt, sind wir von einer Massenbewegung noch ein gutes Stück entfernt. Darts darf in Deutschland gerne noch populärer werden. Und das wird es meiner Meinung nach auch.

Doch was passiert, wenn die Preisgelder immer höher werden? Zum einen droht die Gefahr, dass aus Volkshelden abgehobene Multimillionäre werden, die nichts mehr mit der eigentlichen Szene zu tun haben. Zum anderen wird mit steigenden Verdienstmöglichkeiten auch eine größere Professionalität an den Tag gelegt. Wer sich inzwischen den Nachwuchs bei der PDC anschaut, wird nicht mehr die bisher für Darts typischen Spieler erleben, die sich deutlich von sonstigen Sportlern abheben. Immer mehr junge Kerle versuchen, sich über körperliche Fitness Vorteile zu verschaffen. Auf den ersten Blick könnte der Dartsspieler inzwischen auch ein Nachwuchsfußballer, -tennisspieler oder -golfer sein. Wir sehen das in Deutschland ganz gut an Max Hopp. Als wir im Dezember 2015 zu Besuch bei *TV Total* waren, passierte der Klassiker: Stefan Raab sprach von Tattoos und dicken Bäuchen und fragte Max, warum er nicht so aussehe. Tja, auch der Maximiser achtet eben auf Ernährung und Fitness.

Es ist also ein Spagat, den die PDC da hinbekommen muss. Auf der einen Seite sollen Darts und die Tour bezüglich Preisgeld und Anzahl an Profispielern größer werden. Schließlich ist die PDC ein Wirtschaftsunternehmen und möchte als solches seinen Gewinn steigern. Auf der anderen Seite darf der Sport nicht seinen größten Trumpf verspielen: die Nische. Darts braucht seine Typen, braucht Unverwechselbarkeit, um auf dem Markt aufzufallen und langfristig zu bestehen. Es geht nicht darum, kurze Boomphasen zu initiieren. Das haben die Niederlande vor einigen Jahren erlebt. Nach den großen Erfolgen von Raymond van Barneveld und dem WM-Sieg 2006 durch Jelle Klaasen kam relativ schnell Darts-Müdigkeit auf. Es fehlten nicht nur die großen Erfolge der Topstars, sondern auch neue Gesichter. Die Turniere waren plötzlich nicht mehr gut besucht, und dann verliert auch das Fernsehen ziemlich schnell das Interesse. Durch die Erfolge von Michael van Gerwen ist die Begeisterung in den Niederlanden zurückgekehrt; der Premier-League-Spieltag von Rotterdam im Mai 2016 hat das eindrucksvoll gezeigt. Aber man ist vorsichtig geworden. Auch die PDC weiß, dass sie dosiert mit der Anzahl von Veranstaltungen umgehen muss, um keine Übersättigung zu erzielen.

Vielleicht liegt die Lösung ja in der globalen Ausbreitung. Darts braucht mehr Märkte auf internationaler Bühne. Dadurch würde die

Anzahl an Turnieren zunehmen und sich das Gesamtpreisgeld automatisch erhöhen. Aber Märkte zu erschließen, ist zeitintensiv, und Begeisterung für einen neuen Sport zu entfachen, nicht leicht. Man darf beim Beispiel Deutschland nicht vergessen, dass es 2004, als das Deutsche Sport Fernsehen mit der allerersten Darts-Übertragung begann, bereits rund 100.000 aktive, organisierte Dartsspieler gab. Ein Fundament war also vorhanden, und dennoch vergingen Jahre, bis man da war, wo man heute ist.

Es wird äußerst spannend sein, zu sehen, wohin sich Darts in den nächsten zehn Jahren in Deutschland entwickelt. Bekommen wir einen Topstar, der ernsthaft um den WM-Titel kämpft, ihn womöglich gewinnt, wird der Markt explodieren. Da bin ich mir sicher. Ich glaube in diesem Falle fest an die Verdoppelung der TV-Einschaltquote, die ein guter Gradmesser ist.

Wie nachhaltig dann solch eine Entwicklung wäre, ist eine andere Frage. Die Zeiten sind kurzlebig. Neu entstehende Märkte werden regelrecht ausgequetscht, und nicht selten ist Überdruss die Folge. Doch eins nach dem anderen: Noch fehlt Darts-Deutschland der Barney-Faktor, der Darts Ende der 90er-Jahre nach Raymond van Barnevelds beiden WM-Titeln in den Niederlanden groß machte. Zurzeit sieht es danach aus, als könnte Max Hopp derjenige in Deutschland sein, der diesen Schritt geht. Meiner Meinung nach hat er das Potenzial, um es in die Weltspitze zu schaffen. Ob es ihm aber tatsächlich gelingt, weiß niemand. Vielleicht reden wir in vier, fünf Jahren von jemand ganz anderem, den wir heute noch gar nicht kennen. Es ist einiges los in Darts-Deutschland. Immer mehr junge Spieler sind fasziniert von Darts, auch von der Möglichkeit, eine Art Popstar zu werden, Geld mit Darts zu verdienen. Bei über 80 Millionen Einwohnern kann es eigentlich nur eine Frage der Zeit sein. Ich habe Geduld und warte.

Kapitel 7
Presse, Profis, Preisgelder

Journalisten und Spieler: Man kennt sich

Die Showbühne ist eine Art Demarkationslinie. Sie teilt ein Dartsturnier in Party und Arbeit. Alles, was auf oder vor der Bühne passiert, ist Trubel, Event. Dahinter geht es eher ruhig zu Sache. Da achten PDC-Mitarbeiter auf den reibungslosen Ablauf der Veranstaltung, Journalisten gehen ihrer Arbeit nach. Die Bühne trennt irgendwie zwei Welten. Am deutlichsten ist das bei der WM im Alexandra Palace, weil die Weltmeisterschaft das wichtigste Turnier im Jahr und deshalb auch die Anzahl an Journalisten und TV-Anstalten so groß ist wie bei keinem anderen Event.

Wer noch nie leibhaftig im Ally Pally war, wird die Größe des Gebäudes wahrscheinlich unterschätzen. Es ist ein Riesenpalast. Das Event selbst findet in der etwas kleineren West Hall statt. Die Great Hall dient als Eingangsbereich, dort können die Zuschauer Getränke, Essen und Merchandising-Artikel kaufen. Der Hauptsponsor William Hill bietet die Möglichkeit, Wetten abzuschließen. Außerdem stehen in der Great Hall rund 15 Container, die von der PDC-Crew und den Techniker genutzt werden. Und gleich daneben befindet sich der Pressebereich. Genauso wie die gesamte Unternehmung PDC ist auch er in den letzten Jahren gewachsen. Das Interesse weltweit nimmt zu, immer mehr internationale Journalisten berichten über das Geschehen im Ally Pally – auch immer mehr deutsche. In den ersten Jahren war nicht daran zu denken, dass hiesige Redaktionen einen Mitarbeiter in den Norden Londons schicken, um von der Darts-WM zu berichten. Inzwischen ist das deutsche Darts-Normalität.

Vier, fünf ausländische TV-Stationen berichten heutzutage aus London von der Weltmeisterschaft, dazu natürlich der Home Broadcaster Sky Sports England, der für das sogenannte Worldfeed zuständig ist. Das von ihnen produzierte Signal wird weltweit abgegriffen, auch von SPORT1. Sky Sports ist mit einer großen Mannschaft von

40 bis 50 Personen vor Ort. Dazu ein, zwei Kollegen vom Radio. BBC-Radio überträgt die Darts-WM ziemlich großflächig, teilweise komplette Matches. Es sind diese Kleinigkeiten, die immer wieder zeigen, dass der Stellenwert von Darts in Großbritannien eben noch mal ein ganz anderer ist. Auch die Radioleute sitzen in ihrer Kabine im Pressebereich, in dem sich ansonsten vor allem die schreibende Zunft befindet. Kollegen aus ganz Großbritannien sind da und berichten für verschiedene Zeitungen.

Lange Zeit war das Deutsche Sport Fernsehen bzw. SPORT1 der einzige deutsche Vertreter bei einer WM. Zu Beginn waren wir eine Art ausgefallene Spezies unter all den Journalisten, die seit vielen Jahren über diesen Sport berichteten. Deutschland war eine kleine Darts-Nation, ohne Topspieler. Wir waren sozusagen eine nette kleine Randnotiz und genossen Welpenschutz, denn der PDC war es wichtig, auf dem deutschen Markt Fuß zu fassen. Sie nahm uns ernst und hoffte auf das Potenzial, das Deutschland mit seinen über 80 Millionen Einwohnern hat. Das verstanden und lebten auch die Spieler.

Die Zusammenarbeit mit der PDC hat bis heute etwas Familiäres, die Informationswege sind kurz. Dave Allen, der Mediendirektor, arbeitet rund um die Uhr und hilft, wo er kann. Wollen wir ein Interview oder einen Dreh mit einem Spieler haben, klären wir das über Dave. Eines darf man nicht vergessen: Eine Darts-WM ist kein Mega-Event wie eine Fußballweltmeisterschaft oder der Superbowl in den USA. Dafür gibt es weltweit zu viele Länder, in denen dieser wunderbare Sport noch überhaupt keine Rolle spielt. Für die Zusammenarbeit mit den Spielern ist das aber ein sehr großer Vorteil. Es gibt nicht Unmengen an Anfragen für Spielerinterviews und man wartet nicht stundenlang auf den großen Star, der dann mit deutlicher Verspätung ohne Entschuldigung zum Interview kommt und einem das Gefühl gibt, man könne einfach nur froh sein, dass er überhaupt da ist. Bei Drehs mit Fußball- oder Tennisstars habe ich das immer wieder erlebt. Beim Darts gibt es so etwas nicht. Unabhängig von meiner Tätigkeit für das DSF oder SPORT1 habe ich dieses kooperative Verhalten auch bei meiner Arbeit rund um mein erstes Darts-Buch *Darts. Die Erde – eine Scheibe* erlebt. Ich war angewiesen auf viele Interviews, weil ich Informationen aus erster Hand haben wollte. Die damalige Recherche war ja teilweise Pionierarbeit. Ich wollte nicht einfach Informationen aus dem Internet kopieren, wissend, dass das World Wide Web leider auch Unwahrheiten in atemberaubendem Tempo verbreitet. Als ich Phil Taylor und Raymond van Barneveld fragte, ob sie vielleicht das Vor- und Nachwort für das Buch schreiben könnten, war das für sie eine Selbstverständlichkeit. Da floss kein Geld, gar nichts. Sie wussten, dass es gute PR für Darts in Deutschland ist.

Der Sport der Arbeiterklasse

Als Reporter ist man nicht Teil der WM-Party, man beobachtet, beschreibt, auch was hinter den Kulissen geschieht. Die Spieler erlebt man vor wichtigen Matches angespannt und nach Niederlagen auch mal schlecht gelaunt. Es werden eine Menge Gespräche geführt mit den Aktiven, mit Ex-Profis, mit der PDC, dem Management einzelner Spieler oder auch mit Spielerfrauen und -freundinnen. Dadurch setzt man sich nicht nur mit Matchverläufen und Turnierergebnissen auseinander, man bekommt nach über zwölf Jahren auch einen guten Einblick, wie Spieler ticken, was ihnen wichtig ist, wer wo die Strippen zieht. Zurückblickend kann ich sagen, dass sich mein allererster Eindruck über die Jahre gefestigt hat: Die Profi-Dartsszene ist echt, sie ist keine Scheinwelt. Im Englischen würde man sagen: *you get what you see.* Es ist das drin, was draufsteht.

Dass Spieler wie Manager so bodenständig sind, liegt auch daran, dass es für viele in diesem Geschäft um die Existenz geht.

Noch sind nicht so hohe Summen im Spiel, dass eine gesamte Szene in Saus und Braus davon leben kann. Beim Darts, dem Spiel der Arbeiterklasse, wird malocht. Die Bodenständigkeit der Dartsprofis ist übrigens auch dem Verband wichtig. Sie wollen keine verwöhnten Diven, die PDC verhätschelt ihre Stars nicht. Sie werden respektiert, aber nicht hofiert. Die Verantwortlichen handeln eher nach dem Motto: Wer den großen Luxus nicht kennt, vermisst ihn auch nicht. Beschwerden über zu schlechte Hotelzimmer gibt es im Tour-Alltag nicht. Es müssen auch keine Extrawünsche für irgendwelche Topspieler erfüllt werden. Spieler zahlen ihre Turnierreisen und Hotelaufenthalte selber. Sie checken in Hotels ein, die in der Regel keine First-Class-Adressen sind. Es gibt im Spielerbereich kein Getränk, keine Speise, nicht mal einen Becher Kaffee für irgendjemanden kostenfrei. Und sollte mal kein Shuttle zur Verfügung stehen, der die Spieler vom Hotel zum Austragungsort bringt, ist es völlig normal, dass auch etablierte Namen sich ein Taxi nehmen und die Kosten dafür selber tragen. Ganz ehrlich: das ist wohltuend. Da unterscheidet sich die Darts-Welt noch von anderen großen internationalen Sportarten. Dort gehört es ja zum Vermarktungskonzept, Topspieler als Stars zu präsentieren, und auch intern wird ihnen jeder Wunsch von den Lippen abgelesen.

Ich denke, dass dies einfach Mechanismen der Kommerzialisierung einer Sportart sind. Je größer ein Sport wird, desto stärker rückt das liebe Geld in den Mittelpunkt. Und daran wollen alle teilhaben, selbstverständlich auch die Spieler. Ich bin gespannt, ob sich Darts in den nächsten Jahren verändern wird. Bis vor rund zehn Jahren war es so, dass Spieler erst mit Ende 20, Anfang 30 ins Profilager wechselten, teilweise auch später. Sie kamen aus ihrem Berufsleben auf die Tour. Da ist die Gefahr, dass man abhebt, nicht mehr ganz so groß. Mit dem Trend, bereits im Alter von 17, 18 Jahren Profi zu werden, könnte sich das ändern.

Vom Malocher zum Dartsprofi

Der Beginn der Profikarriere ist ein Lebenseinschnitt. Gerade für die Spieler, die aus dem Beruf aussteigen und ihr Glück am Board versuchen. Das Profidasein bietet nicht nur die Chance, eine Menge Geld zu verdienen, sondern eröffnet auch Aussichten auf ein ziemlich komfortables Leben. Den Tag gegen 9 Uhr mit einem entspannten Frühstück zu beginnen, um dann gegen 11 Uhr zum ersten Training ans Board zu marschieren, ist Luxus. Dazu kommen die vielen Reisen.

Keith Deller erlebte diesen Lebenswandel 1983 von einem auf den anderen Tag. Er gewann als erster Qualifikant die Weltmeisterschaft, hatte bis dahin in einer Kantine Marmelade auf Donuts geschmiert. Durch den Finalsieg über Eric Bristow verdiente er mit einem Schlag mehr Geld als in seinem gesamten Leben zuvor. Deller kaufte sich ein Haus mit Swimmingpool und war in England plötzlich eine große Nummer. Beim zweifachen Weltmeister Jocky Wilson aus Schottland war es ähnlich. Er verdiente sein Geld als Fischflossenabschneider, bevor er mit 29 Jahren alles auf die Karte Darts setzte. Oder auch Phil Taylor. Er begann seine Profilaufbahn 1988 mit 28 Jahren. The Power stand jahrelang in einer Fabrik und schraubte Toilettenpapierhalter zusammen, bevor er der erfolgreichste Dartsspieler aller Zeiten wurde. Die Liste ließe sich leicht fortsetzen und zieht sich bis ins 21. Jahrhundert. Auch Spieler wie Kevin Painter oder der Australier Simon Whitlock, die erst vor sechs, sieben Jahren ihre größten Siege feierten, waren lange Zeit auf dem Bau tätig und mussten teilweise wirklich hart schuften.

Die Situation hat sich inzwischen dadurch geändert, dass insgesamt viel höhere Preisgelder pro Jahr ausgeschüttet werden und somit mehr Spieler sich ihren Lebensunterhalt mit Darts finanzieren können. Das ist auch der Grund, weshalb Spieler in immer jüngeren Jahren ins Profilager wechseln. In Deutschland sehen wir das z. B. an

Max Hopp, in den Niederlanden natürlich an Michael van Gerwen oder Jelle Klaasen. Die PDC erlaubt diesen Schritt im Alter von 16 Jahren. Ab diesem Alter darf man Profiturnieren teilnehmen. Der Vorteil dieser Entwicklung ist, dass dadurch der Schritt zum Profi in einer Lebensphase erfolgen kann, in der die Spieler noch keine größeren Verpflichtungen haben. Ohne Familie und Kinder fällt die Finanzierung des Lebensunterhalts natürlich leichter. Der Nachteil ist, dass teilweise die Altersabsicherung darunter leidet. Ohne Ausbildung in den Profi-Circuit einzusteigen, ist riskant. Erst später zeigt sich, ob ein Spieler dauerhaft bei der PDC bestehen kann.

Adrian Lewis und James Wade waren so eine Art Vorreiter dieser Jungprofigeneration. Lewis schloss zwar seine Ausbildung zum Fahrlehrer ab, wurde aber 2004 bereits im Alter von 19 Jahren Profi. James Wade entschied sich zwei Jahre später für einen Vollzeitjob als Dartspieler. Er war als KFZ-Mechaniker tätig und erkannte, dass er beides nicht unter einen Hut kriegen würde. Also kündigte er zum Juli 2006 seine Festanstellung und erreichte im selben Monat sein erstes Major-Finale beim zweitwichtigsten Turnier des Jahres, dem World Matchplay.

Preisgelder

Für den Großteil der Spieler ist es schwierig, sich während ihrer aktiven Laufbahn auch für die Zeit nach der Karriere finanziell abzusichern. Finanziell ausgesorgt haben nur ganz wenige, allen voran Phil Taylor, aber auch der fünfmalige Weltmeister Raymond van Barneveld, Michael van Gerwen oder der aktuelle Weltmeister Gary Anderson. Wahrscheinlich auch Doppelweltmeister Adrian Lewis, vielleicht noch James Wade dank seiner vielen Major-Siege. Taylor bezeichnet sich selber gerne als Multimillionär. Sein Jahreseinkommen liegt im siebenstelligen Bereich. Wer parallel noch einem Job nachgehen muss, schafft es nicht nach ganz vorne. Sich nach einem anstrengenden Arbeitstag abends noch für ein paar Stunden ans Board zu stellen, geht in Ausnahmesituationen, kann aber nicht die Regel sein. Auf Dauer leidet darunter die Qualität des Trainings und damit das eigene Spiel. Und genau das ist die Krux: Als Nummer 50 der Welt kannst du deinen Lebensunterhalt kaum mit Darts verdienen und musst nebenher noch einer anderen Arbeit nachgehen. Der nächste Schritt in Richtung Top 10 wird dir aber nur als Vollzeitprofi gelingen.

Das Preisgeld der PDC hat sich in den letzten zehn Jahren mehr als verfünffacht. 2006 wurden gerade mal 1,8 Millionen Pfund ausgeschüttet. Man könnte meinen, selbst diese 1,8 Millionen Pfund seien ein stolzer Betrag. Teilt man diese Summe jedoch auf die 64 Tour-Card-Inhaber auf, kassierte jeder gerade mal 28.000 Pfund im Jahr. Das reicht nicht, um als Profi davon zu leben. Und außerdem wird in keiner professionalisierten Sportart Geld gerecht aufgeteilt. Es gilt das Leistungsprinzip: Wer erfolgreich ist, verdient viel, wer keinen Erfolg hat, wenig. Und so kassieren bei der PDC vor allem die Top 5 der Welt immer besser. In einem Jahr wie 2015 schon alleine deshalb, weil Michael van Gerwen sage und schreibe 18 Turniere gewann und Gary Anderson die Weltmeisterschaft und die Premier League. Dadurch waren bereits rund 1,5 Millionen Pfund an die Nummer eins und Nummer zwei der Welt vergeben. Zudem ist der Unterschied – wie in anderen Sportarten auch – zwischen dem, was der Sieger, und dem, was ein Viertelfinalist an Preisgeld bekommt, gewaltig. Viertelfinalisten, die es immerhin in die Runde der letzten acht eines Turnieres schaffen, verdienen gerade mal ein Zehntel im Vergleich zum Champion. Die Kluft zwischen der Nummer eins und der Nummer dreißig der Welt wird folglich immer größer. Bauen die Besten ein ansehnliches Vermögen auf, ist es für Spieler außerhalb der Top 30 ein Kampf um die Existenz. Spieler wie Andy Smith oder Ronnie Baxter, die selber viele Turniere in ihrer Karriere gewannen, haben das bereits vor drei, vier Jahren kritisiert. Inzwischen gehören sie in der Weltrangliste nicht mehr zu den Top 40. Sie spielen bei wichtigen Turnieren keine Rolle mehr, sind sich aber dennoch bewusst, dass sie ein wichtiger Teil der Profi-Tour sind, weil eine Dreimannshow ziemlich langweilig wäre.

Vierklassengesellschaft

Man muss sich die Dartsszene wie eine Vierklassengesellschaft vorstellen. Da gibt es zum einen die bereits angesprochenen Topverdiener, die nicht nur beim Preisgeld abräumen, sondern auch gute Werbeverträge haben. Dann kommen die restlichen Spieler aus den Top 10, angeführt von Robert Thornton. Durch die Premier League haben sie eine enorm hohe TV-Präsenz und damit verbunden gute Möglichkeiten, hoch dotierte Sponsorenverträge zu bekommen. In der Kategorie drei befinden sich die Spieler zwischen etwa Weltranglistenplatz 11 und 30. Das sind diejenigen, die um einen Platz unter den Top 16 kämpfen, weil ihnen das die Teilnahmen an Major-Turnieren garantiert. Dort locken nicht nur mögliche Sponsorenverträge, sondern auch ein deutlich höheres Preisgeld als auf der sogenannten Pro Tour, die abseits der TV-Kameras stattfindet. Major-Turniere müssen mit mindestens 200.000 Pfund dotiert sein.

Für alle Spieler außerhalb der Top 30 ist es nicht einfach, sich einen komfortablen Lebensunterhalt zu verdienen. Das eingespielte Preisgeld genügt, um das Leben auf der Tour zu finanzieren. Viel mehr aber auch nicht. Die Nummer dreißig der Welt hat in den vergangenen zwei Jahren schätzungsweise rund 100.000 Pfund eingespielt. Das mag auf den ersten Blick gar nicht so schlecht klingen. Aber 50.000 Pfund im Jahr, abzüglich Steuern, sind für jemanden, der permanent auf Reisen ist, nicht besonders viel. Diese Spieler sind angewiesen auf Einnahmen durch Exhibitions und kleinere Sponsorenverträge.

Exhibitions sind Gastauftritte. Eine Firma, ein Verein oder eine Kneipe bucht einen Spieler. Der kommt für ein paar Stunden vorbei, spielt rund 20 Legs, gegen wen auch immer, und erhält seine Gage. Je besser und bekannter der Spieler, desto mehr Geld kann er für solch eine Exhibition nehmen. Die Unterschiede sind da gewaltig: Für van Gerwen, Taylor oder Anderson können schon mal 10.000 bis 15.000 Euro am Abend fällig sein. Spieler mit einer Weltranglistenposition zwischen 10 und 20 wird man für 2000 bis 3000 Euro locken können. Ein Spieler außerhalb der Top 30 kommt wahrscheinlich schon für 500 bis 1500 Euro. Das dürften Beträge sein, mit denen man auch einen Max Hopp oder einen Shorty Seyler überzeugen könnte, Gast bei einer Exhibition zu werden.

Von den Topstars profitieren alle

Welchen Wert hat ein Weltmeister für die PDC? Wie wichtig sind die Topstars für die Außendarstellung des Sports? Aushängeschilder lösen Kettenreaktionen aus. Mit ihnen steht und fällt die Vermarktung des Verbands, des gesamten Sports. Große Hallen werden mit großen Namen gefüllt, und daraus resultieren Events, die für das Fernsehen interessant sind, weil sie große TV-Reichweiten erzielen. Weltweit verfolgen über 300 Millionen Menschen die größten PDC-Turniere im Fernsehen. Damit werden Sponsoren gelockt, die eine Menge Geld einbringen.

Die PDC finanziert sich also durch Ticketverkauf, Sponsorengeld und Einnahmen durch TV-Rechte. Auch der deutsche Sportsender SPORT1 zahlt, um die Turniere der PDC übertragen zu dürfen. Je höher die Einschaltquote, desto mehr Geld verdient ein Sender, und desto teurer kann die PDC ihr Produkt verkaufen. Aus Sicht der Professional Darts Corporation wird dieses Modell am effektivsten mit der Premier League Darts umgesetzt: 16 Spieltage, rund 150.000

zahlende Zuschauer, ein großer Sponsor plus TV-Anstalten, die weltweit übertragen. Mit diesen Einnahmen wird beispielsweise auch die Pro Tour finanziert, die für die Spieler elementar ist, die nicht bei TV-Turnieren dabei sein können. Sie bilden die Basis des Profiverbands.

Darts vs. Tennis

Es verwundert nicht wirklich, dass Darts im Vergleich zu anderen großen internationalen Individualsportarten wie Tennis oder Golf noch nicht mithalten kann. Deren Engagement besteht 20 Jahre länger als das der PDC, seit den 1970er-Jahren. Auch sie benötigten Zeit, um die Tour dahin zu bringen, wo sie heute steht. Dennoch ist ein Vergleich der Preisgelder hilfreich, um zu sehen, wo sich die Darts-Tour, die PDC, aktuell befindet.

Die Spielervereinigung ATP verteilte 2016 auf der Tennis-Tour der Herren ein Preisgeld von über 90 Millionen US-Dollar. Sie veranstaltete weltweit knapp 70 große im Fernsehen übertragene Turniere in 30 verschiedenen Ländern. Ähnlich gut steht die WTA-Tour der Damen da. Durch die hohe Anzahl an Turnieren ist es im Tennis möglich, Bedingungen zu schaffen, um eine breitere Masse an Profispielern zu finanzieren. In der Herrenweltrangliste sind inzwischen rund 1500 Spieler gelistet. Novak Djokovic, die aktuelle Nummer eins der Tenniswelt, verdiente im vergangenen Jahr rund 10 Millionen US-Dollar. Man kann sagen, dass etwa 200 Tennisspieler gut von ihren Einnahmen leben können.

Bei der PDC ist Michael van Gerwen der Topverdiener. Er hat in den letzten zwei Jahren rund 1,1 Millionen Pfund Preisgeld eingespielt. Was die Verdienstmöglichkeiten betrifft, wird es im Darts spätestens bei Weltranglistenplatz 100 völlig uninteressant. Dort stehen Spieler, die in den letzten zwei Jahr rund 5000 Pfund Preisgeld einspielten. Davon kann man natürlich nicht leben.

Kapitel 8
There's Only One Phil Taylor

Phil Taylor spielt kein Golf. Aus Prinzip. Weil er weiß, dass er, wenn er einmal damit anfängt, nicht aufhören kann. Taylor kennt sich: Er ist Perfektionist, will bei allem, was er tut, der Beste sein. Dieser Ehrgeiz hat ihn durch seine gesamte Dartskarriere getrieben. Auch als es 2014, 2015 nicht gut lief. 2015 dachten nicht wenige, dass seine Karriere bald beendet sein würde. Ganz ehrlich: Ich selber hatte auch immer wieder mal diesen Gedanken. Im Jahr 2015 verlor The Power so viele Matches wie seit Jahrzehnten nicht, 32 an der Zahl. Zum Vergleich: 2009 kassierte er gerade mal sechs Niederlagen.

Dass er sich im Alter von 55 Jahren aus dieser Krise wieder herauszog, ist beinah so bemerkenswert wie alle Titel, die er im Lauf der letzten knapp 30 Jahre gesammelt hat. Und es sagt vor allem enorm viel über den Menschen Phil Taylor aus, über seine Unermüdlichkeit, seine Besessenheit, den unbedingten Willen, wieder ganz oben zu stehen. Beweisen muss Phil Taylor natürlich niemandem irgendetwas. Höchstens sich selbst. Es bereitete ihm Freude, vielleicht auch Genugtuung, seinen Kritikern, die ihn schon abgeschrieben hatten, zu zeigen, dass er es noch kann. Taylor hat sich mit harter Arbeit zurückgekämpft, er hat sich sein zwischenzeitlich verloren gegangenes Selbstvertrauen zurückgeholt. Was jetzt noch fehlt, ist ein Triumph bei einem Major-Turnier. Das würde dieses bemerkenswerte Comeback krönen. Taylor will diesen Sieg unbedingt.

Vom Fließband zum Dartsboard

Wer ist dieser Phil Taylor? Was ist er für ein Typ? Wie wahrscheinlich die meisten von uns wurde Philip Douglas Taylor stark von seiner Herkunft geprägt. Im August 1960 in der Arbeiterstadt Stoke-on-Trent geboren, wächst er als Einzelkind in sehr armen Verhältnissen auf. Seine Mutter Elisabeth arbeitet an der Kasse bei Woolworth, sein Vater Douglas ist Bauarbeiter. Sie leben in einem heruntergekommenen Haus, in dem teilweise die Fenster fehlen. Geld ist eigentlich nie genug da, es reicht gerade, um davon mehr schlecht als recht zu leben. Und so verwundert es nicht, dass das Thema Geld in Taylors Leben eine zentrale Rolle spielt – besonders seit er eine Menge davon auf dem Konto hat. Im Alter von 15 Jahren verlässt Phil die Schule, weil er Geld verdienen möchte. Zunächst jobbt er als Fahrradkurier, später montiert er jahrelang Keramikgriffe an Toilettenpapier-Halterungen. Damit verdient er 74 Pfund die Woche. Erst mit 17 Jahren beginnt Taylor, regelmäßig Darts zu spielen. Zu dieser Zeit trainierte er viel mit seinem Vater im Riley Arms Pub, bei sich um die Ecke. Laut Taylor selbst dauerte der Durchbruch auch deshalb ein paar Jahre, weil ihm die Mädels den Kopf verdrehten und er nicht mit dem nötigen Ernst bei der Sache war. 1985 änderte sich das. In diesem Jahr entdeckte ihn sein späterer Mentor, der fünfmalige Weltmeister Eric Bristow, der ihm 10.000 Pfund lieh und damit den Karrierestart bei der British Darts Organisation (BDO) ermöglichte. Es fällt auf, dass Bristow und Taylors Vater Douglas ähnliche Typen sind. Für beide zählt kein zweiter Platz. Wenn Taylor mit kleinem Preisgeld als Zweiter von einem Pub-Turnier nach Hause kam, wollte sein Vater nicht mit ihm darüber sprechen. Gewann er eine Veranstaltung, fragte der Vater nur, wann und wo das nächste Turnier stattfindet. Sein erstes größeres Preisgeld von 500 Pfund verdiente Taylor sich durch den Sieg bei den Clay Cross Open und kaufte seiner Mutter davon als Erstes einen Mantel. Den Rest steckte er ins Haus seiner Eltern. 1989 wird er der erste Spieler, der ohne Ranglistenplatz ein Major gewinnt, die Canadian Open. Durch diesen Sieg qualifizierte er sich für die Weltmeisterschaft 1990. Die Wettbüros boten eine Quote von 125:1 auf seinen Außenseitersieg. Taylor wird zum ersten Mal Weltmeister und gewinnt das Finale gegen seinen eigenen Mentor Eric Bristow. Von da an geht es schnell. Ein paar Jahre später ist er kaum noch zu bezwingen. Allein bei der Weltmeisterschaft wird ihn von 1995 bis zum Finale 2003 niemand mehr schlagen – er gewinnt 44 WM-Matches nacheinander.

Small Talk mit Mr. Taylor

2006 bekam ich in München, im Vorfeld des „Meet The Power I"-Events, zum ersten Mal die Gelegenheit, Phil Taylor persönlich kennenzulernen. Damals hatte der heutige PDC-Europe-Chef Werner von Moltke zum Abendessen geladen. Rund 25 Gäste freuten sich auf The Power, der jahrelang nicht mehr in Deutschland gewesen war. Ich erinnere mich noch gut an den Moment, als Taylor das Lokal betrat: Er ist einer dieser Menschen, nach dem sich alle umdrehen, wenn sie in einen Raum kommen. Und das, obwohl er mit einer Körpergröße von 1,71 m nicht gerade herausragt. Aber The Power ist präsent, er besitzt eine Aura, wie sie nur wenige haben. Mehr als ein bisschen Small Talk war an diesem Abend nicht drin. The Power wusste damals ja noch nicht so recht, was er von diesem Engagement in Deutschland halten sollte. Er checkte das Umfeld ab. Und am nächsten Tag gewann er das Finale gegen Raymond van Barneveld.

Wer mit Phil Taylor essen geht, redet über Autos, über Fußball, über Geld und natürlich auch irgendwann über Darts. Geld fasziniert Taylor. Man kennt ja seine Aussage, er sei Multimillionär und nicht nur einfacher Millionär. Darauf legt er Wert. The Power hat Freude an Qualität. Und das muss nicht nur sein neuer Bentley sein. Er erzählte mir mal bestimmt 15 Minuten lang von seiner neuen Waschmaschine. Einer Miele, das Beste, was zurzeit auf dem Markt sei. Es gibt da auch diese Anekdote von Taylors neuem blauem Ferrari. Den hatte er geordert, und Ferrari lieferte, als der Meister auf Turnierreise war. Der Wagen wurde zu den Taylors nach Hause gebracht und in die Garage gestellt. Sein Kumpel Steve wusste davon.

Er wollte sich den Wagen gleich anschauen, bevor Phil wieder zurück war und verabredete sich zu diesem Zweck mit Taylors damaliger Frau Yvonne. Die beiden schauten sich den Sportwagen an, und Steve ließ aus Spaß den Satz fallen, dass dieses Auto bei den Frauen großen Eindruck machen würde. Yvonne war außer sich. Sie rief Ferrari an, ließ den Wagen abholen und gab Phil Bescheid, dass er diesen Wagen vergessen könne. Phil Taylor kam nach Hause, und das Auto war tatsächlich wieder weg. Er hat ihn nie gesehen und musste sich auf einen Kompromiss einlassen: einen Bentley. Auch nicht schlecht. Über diese Geschichte kann Taylor selber auch Jahre danach noch herzlich lachen.

Im Fußball kennt er sich aus. Nicht nur, was die Premier League betrifft. Er verfolgt auch die Bundesliga, ist mit Herzblut bei jeder EM oder WM dabei. Als Taylor 2006 damals nach München kam, war er begeistert, dass für ihn eine Stadionbesichtigung in der Allianz-Arena organisiert wurde. Im Januar 2013 war es für ihn etwas Besonderes, in Hamburg einige HSV-Stars zu treffen. Den Hamburger SV verbinden die Briten vor allem mit Kevin Keegan, der Ende der 1970er-Jahre vier Jahre lang beim HSV spielte. Fußball meets Darts. Taylor, van Gerwen, van Barneveld und Lewis spielten mit Rafael van der Vaart, René Adler, Marcell Jansen und Dennis Aogo im Doppel gegeneinander. Bei solchen Gelegenheiten schnackt Taylor dann auch mal länger mit einem Rafael van der Vaart. Da hat er ein Strahlen im Gesicht. Das mag er.

Karriereende in Sicht?

Phil Taylor ist der erfolgreichste Spieler aller Zeiten und seit Jahrzehnten das Aushängeschild einer ganzen Sportart. Für mich ist er aber vor allem auch der Spieler, von dem ich in den letzten zwölf Jahren die meisten Matches kommentiert habe. Über den ich am meisten geredet und auch gelesen habe, weil es über ihn ganz einfach die meisten Berichte, Analysen etc. gibt. The Power hat Darts neu erfunden, indem er diesen Sport auf ein vorher nicht gekanntes Niveau brachte. Das ist der Grund, weshalb er über Jahre hinweg kaum zu bezwingen war. Taylor war der Konkurrenz immer einen Schritt voraus, und es hat bis zur Generation von Adrian Lewis, James Wade und natürlich allen voran Michael van Gerwen gedauert, bis auch andere Spieler sich diesem Leistungsniveau anpassen konnten. Sie wurden groß mit dem Taylor-Standard und haben ihre eigene Leistung über ihn definiert. Nur dadurch konnte van Gerwen so gut werden, wie wir ihn seit über zwei Jahren erleben. MVG wurde von The Power angetrieben und hat ihm schließlich den Stecker gezogen. Mal sehen, für wie lange.

Phil Taylor hat jetzt bald zwei Jahre lang kein Major-Turnier gewonnen hat. Bis 2013 war er der uneingeschränkte King, doch plötzlich war seine Dominanz gebrochen, konnte er seine Stärken nicht mehr abrufen. The Power konnte sich unter Druck einfach nicht mehr auf sich selbst verlassen. Und dann bist du verloren, egal, was vorher war. Im Sport zählt nur das Hier und Jetzt. Ein Spieler wie Phil Taylor wird außerdem permanent an dem gemessen, was er jahrelang am Dartboard geleistet hat. Er hat sich durch seinen Standard eine enorm hohe Messlatte gesetzt.

Immer wieder werde ich gefragt, wie lange Phil Taylor noch spielt. Er hat am 13. August 2016 seinen 56. Geburtstag gefeiert. In Darts-Kreisen gilt eigentlich die Regel, dass man mit dem 50. Lebensjahr anfängt, leistungsmäßig abzubauen. Das haben einige andere Karrieren gezeigt. Mein Eindruck ist, dass Taylor selber noch nicht genau weiß, wann Schluss sein wird. Adrian Lewis, der ihn wahrscheinlich mit am besten kennt, behauptet, die Karriere von The Power sei längst nicht beendet. Es gilt noch ein paar Sponsorenverträge zu erfüllen. Vielleicht wartet Taylor einfach auf den richtigen Moment. Wann auch immer der sein mag. Fans hoffen immer, dass große

Stars mit einem großen Sieg ihre Laufbahn beenden, damit sie ihr Idol in bester Erinnerung bewahren können. Sportler selbst empfinden das häufig anders. Sicher bin ich mir allerdings, dass Taylor dem Dartssport auch nach seiner aktiven Zeit erhalten bleibt, wahrscheinlich als Experte von Sky Sports England. Und solange Taylor spielt, gilt es einfach, sich an dieser außergewöhnlichen Karriere zu erfreuen.

Kapitel 9
Darts mit Promis

Zugegeben, es hat ein paar Jahre gedauert, bis auch Personen des öffentlichen Lebens in Deutschland sich zu ihrer Darts-Leidenschaft bekannten. Seit einigen Jahren gehört aber auch das zum deutschen Darts-Alltag. In Großbritannien ist es völlig normal, dass Promis regelmäßig zu Darts-Events kommen – bei der WM 2015 war mit Prinz Harry sogar das englische Königshaus im Ally Pally vertreten. Hierzulande begegnet man vor allem Sportpromis zunehmend auf Darts-Events, z. B. Fußballeuropameister Steffen Freund oder Thomas Helmer, Rennfahrer Timo Glock, Klaas-Jan Huntelaar von Schalke 04 oder Felix Kroos von Union Berlin. Und durch die steigende Popularität ist Darts auch immer wieder mal Thema für TV-Shows. So war Max Hopp zu Gast bei Cindy aus Marzahn, Shorty Seyler besuchte den *ZDF-Fernsehgarten*, und Michael van Gerwen folgte zusammen mit Jyhan Artut der Einladung ins *Aktuelle Sportstudio*. Auch der Auftritt von Max Hopp und mir bei Stefan Raabs *TV total* im Dezember 2015 war klasse, um das Thema Darts weiter anzuschieben, auch wenn wir leider nicht besonders viel über Darts sprachen.

Zu Besuch bei Stefan Raab

Bei wem Marty jetzt wohl steht? Wahrscheinlich hat man ihn entsorgt, armes Schwein. Das Darts-Phrasenschwein von SPORT1 war ein Mitbringsel für Stefan Raab, als Max Hopp und ich in einer der letzten Ausgaben seiner Show *TV total* eingeladen waren. Die Gäste der Show durften sich an so einem Wühltisch bedienen, auf dem alte Mitbringsel von ehemaligen Gästen lagen. Viel zu kleine T-Shirts, alte CDs, schrottiges Plastikspielzeug. Und wahrscheinlich lag da am Tag nach unserem Auftritt auch Marty. Der Name des Phrasenschweins wurde vor einigen Jahren mal von den SPORT1-Zuschauern gewählt: die Kombination aus ElMAR und ShorTY ergab

MARTY. Stefan Raab zeigte, ehrlich gesagt, nicht besonders viel Interesse am Thema Darts, am 19-jährigen Profispieler Max Hopp und mir. Wir waren zusammen mit Sänger HP Baxxter dort und mit Dieter Bohlens ehemaligem Busenfreund Thomas Anders. Raab ist natürlich ein beschäftigter Mann, er wird von der Redaktion zu einem Thema gebrieft und geht mehr oder weniger vorbereitet in ein Gespräch. Dass Max kurz zuvor Juniorenweltmeister geworden war, als erster deutscher Spieler überhaupt, hätte man aber vielleicht wissen können. Eine Frage bezüglich der anstehenden Weltmeisterschaft wäre kurz vor WM-Start auch einigermaßen sinnvoll gewesen. Raab fragte nach anderen Sachen: „Ist Darts Sport?" und „Warum haben so viele Spieler einen Speckbauch?" Er wollte sich auf Kosten des Dartssports ein paar Lacher einholen. Das ist natürlich sein gutes Recht in seiner eigenen Show und ist irgendwie ja auch Teil so einer Sendung. Ein bisschen platt fand ich es dennoch. Da wird man wegen der steigenden Popularität einer Sportart eingeladen und dann dazu letztlich gar nicht befragt. Mir persönlich war das damals allerdings ziemlich egal, weil es später ans Board ging und ich mit diesen Kirmes-Darts eine 100 warf, was bei mir eher unregelmäßig vorkommt. Max Hopp setzte meine Spitzenleistung unter Zugzwang: Er wollte nicht weniger scoren als dieser schwindlige Dartsreporter. Und auch er spielte dann eine Aufnahme von 100 Punkten. Wäre ja auch zu schön gewesen ...

Ich habe mich vor Raabs TV-Pause häufiger gefragt, warum es in Raabs Sendung *Schlag den Raab* nie zu einer Partie Darts kam, obwohl Darts eigentlich zu der Art Spiele passt, die diese Sendung auszeichnete. Raab hatte 2006 ja sogar den großen Phil Taylor zu Gast bei *TV total*. Ein Interesse an Darts war folglich vorhanden. Auch ihn forderte er natürlich am Board heraus. Taylor bot ihm damals den Betrag von 100.000 Pfund an, sollte er ein High Finish spielen, also ein Finish von über 100 Punkten. Später erzählte der 16-malige Weltmeister, dass ihm für ein paar Sekunden angst und bange war. Stell dir vor, der trifft. Raab hat nicht getroffen. Er traf auch am Abend mit uns nicht die Felder, die er anvisierte. Und es nervte ihn. Ich habe mal gehört, dass das auch der Grund ist, weshalb man es nie zu einer Partie Darts bei *Schlag den Raab* kommen ließ. Raab versteht nicht, warum er das nicht besser hinbekommt. Es sieht doch so einfach aus.

Kleine Anekdote am Rande: Vor rund zehn Jahren gab es schon mal eine Begegnung zwischen einem Raab und einem Paulke. Damals hatte ich mit Darts noch gar nichts am Hut. Mein Vater lernte Stefan Raabs Vater im Krankenhaus kennen. Reiner Zufall, sie teilten sich ein Zweibettzimmer. Mein Vater ist nicht unbedingt eine Plaudertasche, aber mit Vater Raab kam er dennoch ins Gespräch. Es ging irgendwann um die Kinder, um die Söhne. Und Raab erzählte von den Engagements seines Sohnes beim Fernsehen nach dem Motto: Den kennen Sie doch bestimmt. Meinem Vater war Stefan Raab damals kein Begriff. „Nee, kenne ich nicht", sagte er, „aber vielleicht kennen Sie ja meinen Sohn, der arbeitet auch beim Fernsehen." Süß, der stolze Papa.

Stefan Raab kam damals nach der Sendung zu Max Hopp und mir, bedankte sich kurz und war dann ziemlich schnell wieder weg. Ich bat ihn noch, auf dem Board zu unterschreiben, auf dem wir auf der gesamten „Road to Ally Pally", einem zehntägigen Trip zum WM-Austragungsort, Unterschriften sammelten. Er überlegte kurz, unterschrieb und sagte: „So was mache ich normalerweise nicht!" Mensch, hatten wir Glück.

Anke „The Angelke" Engelke vs. The Maximiser

Mit Anke Engelke war das ganz anders. Engelke leitet Seminare an der Kölner Kunst- und Filmhochschule im Bereich Comedy für angehende Regisseure, Tontechniker oder Lichtsetzer. Abschließend wird von den Studenten ein Film erstellt, bei dem Engelke mitspielt und teilweise auch eine Hauptrolle übernimmt. Ich wurde im Frühjahr 2015 von Felix Schon, dem Regisseur dieses Projekts, kontaktiert. Die Idee war, das allerletzte Leg, das sogenannte Sudden-Death-Leg des WM-Finals, von The Angelke und Max Hopp nachspielen zu lassen. SPORT1 hatte Filmmaterial von Zuschauern aus dem Alexandra Palace zusammengestellt, das auf einer großen Leinwand im Hintergrund lief. Engelke und Hopp platzierte man so, dass es tatsächlich aussah, als spielten sie im Ally Pally. Es war die Geschichte von The Angelke, die das ganze Jahr intensiv auch mit Leuten wie Lewis und Taylor trainiert hatte, um sich jetzt zum ersten Mal die WM-Krone aufzusetzen. Der WM-Sieg sollte dann mit Tops, Tops gekrönt werden, mit zwei Treffern in der Doppel-20.

Anke Engelke hatte bis zu diesem Drehtag noch nie einen Dart in der Hand gehalten, geschweige denn einen in Richtung Board geworfen. Vor der ersten Besprechung ging sie auf die Bühne, schnappte sich ein Set Darts, um es einfach mal auszuprobieren. Glaubt mir, diese Frau ist echt lustig. Auch ich kannte sie bis dahin nur aus vielen TV-Shows oder ihrer legendären Rolle als Ricky bei *Ricky's Popsofa*. Anke stellte sich an die Wurflinie, stand frontal am Board, nahm den ersten Dart in die Hand und sagte: „Fuck! Fuck! Fuck, fuck, fuck...!" Und dann warf sie und traf immerhin die Scheibe. Kinder, das hatte nichts mit Darts zu tun. Das war Hau den Lukas oder so. Max Hopp erklärte ihr dann, was wichtig bei der Wurfbewegung ist, dass der rechte Fuß nach vorne muss. Das ging tatsächlich bei Adam und Eva los. Und es war unglaublich, wie schnell Engelke all die Tipps, die sie bekam, umsetzte. Die Szene wurde mit drei Kameras gedreht: Die eine war auf die Spieler gerichtet, die zweite nur auf das Board, die dritte war eine Kamera mit sehr hoher Auflösung und somit für die Slow-Motions zuständig. Für The Angelke war es also völlig egal, wo ihre Darts landeten, es ging zunächst um die Bewegung und natürlich um ihre Mimik und Gestik. Später, als alles abgedreht war, musste Hopp nochmal ans Board und warf alle Darts für Engelke nach: jede 180, jeden Fehlversuch, jedes Doppel.

The Angelke und Hopp spielen also das Sudden-Death-Leg beim Stande von 6:6 in den Sätzen und 5:5 in den Legs. Beide beginnen mit einer 180. The Angelke legt eine 177 nach, wirft sechs perfekte Darts, hat 144 Punkte Rest und weiterhin die Chance auf den 9-Darter. Von Begriffen wie 9-Dartern, Maximum etc. hatte Anke Engelke überhaupt keine Ahnung. Was bedeutet einem Spieler eine 180? Wie reagiert er darauf? Was heißt es, in einem Sudden-Death-Leg sechs perfekte Darts zu werfen, in einem WM-Finale? Engelke musste alles erklärt werden. Damit sie sich von der Emotion her besser auf die Situation einstellen konnte, kommentierte ich diese Szene immer wieder mit. Und das Leg wurde dann jeweils in Gänze gedreht. Wichtig war, dass The Angelke nach dem achten Dart enttäuscht schaute, weil er in der 1 landete und damit der 9-Darter nicht mehr möglich war. Der elfte Dart war ihr erster Championship-Dart, den warf sie so knapp über die Doppel-20, dass sie kurz verzögern sollte, um die Position ein wenig zu verändern. Dann erst traf sie und durfte jubeln. Diesen Ablauf bekam sie ein, zwei Mal erklärt und setzte das Ganze unfassbar gut um. Trotzdem wurde immer wieder unterbrochen. „Anke, könntest du nach dem achten Dart nicht ganz so enttäuscht schauen. Und versuch, nach dem elften Dart ein bisschen mehr zu verzögern. Hinten raus legst du dann den Pfeil erst ins Glas und trinkst anschließend." Es war beeindruckend zu sehen, wie professionell Engelke all diese Anweisungen umsetzte, obwohl sie 20 Minuten vorher noch überhaupt nicht gewusst hatte, wie sie den Dart geradeaus werfen sollte.

Wettschulden bei Silvio Heinevetter

Ein bisschen geübter war da schon Silvio Heinevetter, Handballnationaltorwart. Ihn traf ich eines Abends in einer Kneipe in Berlin, im Scotsman. Silvio ist ein wirklich guter Typ. Er hatte zu seiner Zeit beim Magdeburger SC viel E-Dart gespielt, hat Lust auf Darts und schaut auch regelmäßig die Übertragungen. Er kennt die Taylors und van Gerwens dieser Welt, mag einen allerdings überhaupt nicht: Simon Whitlock. Er findet seinen Zopf und Bart albern. Gegen Silvio habe ich zwei Mal verloren. Beim ersten Mal war es noch o.k., die zweite Niederlage tat weh. Damals ging es vor allem auch um einen Wetteinsatz, den ich bis heute nicht eingelöst habe. Heinevetter spielt ja in Berlin bei den Füchsen. Ich muss, um meine Wettschulden einzulösen, noch in das Kostüm des Maskottchens steigen und mich in der Max Schmeling Halle zum Affen machen. Das ist der Plan. Wir waren Anfang 2016 auch schon mal kurz davor, diese Aktion umzusetzen, aber da sagte der Manager der Füchse, Bob Hanning, das Vorhaben ab. So was ginge nicht vor einem Spiel, das würde zu sehr ablenken. Na gut, wenn er meint. Ich habe Silvio meine originalen Taylor-Darts geschenkt. Dafür gab er zum Abschluss des Abends eine Lokalrunde aus.

Darts-Dunking mit Daniel Theis

Daniel Theis, den Basketball-Profi der Brose Bamberg, traf ich auf dem Parkett der Brose Arena. Er ist Anfang 20, ein Baum von Kerl, 2,04 m groß, 108 kg schwer. Und wahrscheinlich der erste Mensch auf diesem Planeten, der einen Darts-Dunk ausgeführt hat. Witzigerweise passt ein Dartboard von der Größe her genau in den Ring eines Basketballkorbs. Die Scheibe hält, ohne befestigt zu werden. Eine ungewöhnliche Höhe für gepresste Sisalfasern. Das Board lag auf 3,05 m. Ich stand davor und überlegte, ob ich das schaffen könnte. Keine Chance. Den Ring berührte ich gerade noch so, um aber den Dart von oben ins Board zu stecken, hätte ich 20 cm höher springen müssen. Daniel Theis wärmte sich kurz auf und legte dann los. Bei seiner Sprungkraft wirkte es fast unspektakulär. Er nahm zwei, drei Schritte Anlauf und steckte den Dart dann von oben ins Board. Ich stand auf einer Leiter, fungierte als Caller und rief eine 20 aus. „Twenty!" Der Kameramann ist nicht zufrieden mit der Einstellung, wir müssen die Videoaufnahme wiederholen. Daniel springt kurz hoch, zieht den Dart wieder raus und stopft kurze Zeit später die nächste 20.

Die Wurfbewegungen beim Basketball und beim Darts ähneln sich interessanterweise. Beide Wurftechniken werden letztlich aus einem 90-Grad-Winkel von Ober- und Unterarm heraus ausgeführt. Der Basketball ist natürlich eine ganz andere Gewichtsklasse und wird zudem aus ganz anderen Entfernungen geworfen. Trotz der Sorge, dass die Darts im Parkett der Halle landen könnten, stellten wir das Board als Nächstes einfach unter den Korb. Die normalen 2,37 Meter Abstand findet Theis albern. Er geht zurück zur Freiwurflinie, steht also gut 4 Meter vom Board weg. Kein Problem, entspannte Wurfbewegung. Weiter geht es mit der 3-Punkte-Linie – wir reden inzwischen von knapp 7 Metern. Theis wirft die Darts völlig problemlos ins Board. Er schmeißt sie nicht wie beim Weitwurf, sondern streckt den Arm weiterhin aus einem 90-Grad-Winkel heraus. Das sieht fast irreal aus und ist noch längst nicht alles. Mittellinie. Theis steht inzwischen rund 14 Meter weg vom Board. Auch hier bleibt er seiner Wurftechnik treu. Ein unglaublicher Impuls aus dem Handgelenk. Der Dart fliegt quer durch die Halle und steckt im Board. Donnerwetter.

Kapitel 10
Road To Ally Pally

Im Irish Pub

Die Idee zur „Road to Ally Pally" entstand im Juni 2015. Und zwar bei einem Guinness im Irish Folk Pub in München. In diesem ältesten existierenden Irish Pub Deutschlands spielten in den 1980er-Jahren schon Leute wie der fünfmalige Weltmeister Eric Bristow oder John Lowe Exhibitions. Kollege Moritz Blume und ich hatten uns zu Guinness und Darts verabredet. Irgendwann ging es natürlich um Darts im Fernsehen, speziell um die Darts-WM. So gut die Einschaltquoten in den letzten Jahren bei der Weltmeisterschaft waren, hatten wir immer wieder ein Problem: In den Tagen vor Weihnachten fielen die Quoten deutlich ab. Abgesehen von den echten Dartsfans hatten die Leute offenbar nicht auf dem Zettel, dass die WM bereits vor Weihnachten beginnt. Wir überlegten also, was man unternehmen könne, um das Event anzukündigen. In den letzten Jahren hatten wir so eine Art WM-Countdown mit ziemlich verrückten Videos gedreht. Das war witzig und vermutlich gar nicht so schlecht, hatte aber nicht die gewünschte Wirkung erzielt. Und so kam uns beim dritten oder vierten Guinness die Idee, dass wir uns im Vorfeld der WM mit jedem Tag dem Ally Pally nähern müssten, um die Zuschauer schließlich pünktlich zum WM-Start aus dem Alexandra Palace begrüßen zu können. Start: München, Ziel: London. Diese Idee war gleichzeitig ein Experiment. Wir wollten die Fans über die sozialen Netzwerke mit auf unsere Reise nehmen. Wir hofften, dass sie diese Zeit durch tägliche Posts, durch Livestreaming viel näher und intensiver miterleben würden als beispielsweise mit einer klassischen TV-Reportage. Später wurde entschieden, dass es eine solche halbstündige Reportage noch zusätzlich geben sollte. Sendetermin: 17. Dezember 2015, 19.30 Uhr. Sie sollte den WM-Auftakt bilden, denn um 20 Uhr deutscher Zeit startete die Weltmeisterschaft mit der Partie Andy Boulton gegen Per Laursen.

Tag 1: Nach Wien zu Mensur Suljovic

Rund ein halbes Jahr später beginnt am 6. Dezember 2015 um 16.10 Uhr die wilde Fahrt. Die letzten Tage vor der Abfahrt waren besonders arbeitsintensiv. Wer viele Ideen und Gimmicks sammelt, möchte diese auch umsetzen. Und Ideen kosten meistens Geld, das in diesem Fall idealerweise vom TV-Sender SPORT1 bezahlt wird. Der VW-Bus ist so eine Idee, ein extra für diesen Trip designter „Road to Ally Pally"-Bus. Er sieht sogar besser aus, als wir uns das ausgemalt hatten. Die 180er-Felgen sind meiner Meinung nach sensationell.

Ein letzter Aufsager am SPORT1-Gebäude in Ismaning. Über 4000 km liegen vor uns. In den nächsten zehn Tagen wollen wir 17 WM-Teilnehmer in vier verschiedenen Ländern treffen. Unsere erste Station ist Wien, wir sind am Abend noch im The Gentle mit den drei österreichischen WM-Startern verabredet. Und ehrlich gesagt ein bisschen spät dran, weil ich es einfach nicht pünktlich um 15.30 Uhr zum Treffpunkt Ismaning geschafft habe. Kinder verabschieden, Mittagessen und so. Doch Mensur Suljovic, Rowby-John Rodriguez und Michael Rasztovits sind entspannt, sie trainieren ohnehin an diesem Abend in der Kneipe. Das Team Österreich bereitet sich gemeinsam auf die Weltmeisterschaft vor, die in zwölf Tagen beginnt. Gegen 21 Uhr kommen wir im 21. Bezirk von Wien in der Pasettistraße an. Ich bin zum allerersten Mal in Mensurs Kneipe The Gentle. Sie ist nach seinem Spitznamen benannt. Mensur kommt gleich raus und begrüßt uns.

Bei allem, was wir tun, läuft von nun an die Kamera mit. Kollege Moritz Blume bildet sozusagen das Redaktions- sowie Produktionsteam. Er ist Kameramann, Fotograf, Tontechniker, Cutter, Ideengeber, Fahrer, Mädchen für alles und vor allem ein feiner Kerl. Was für uns gerade in den ersten Tagen nicht einfach ist: ein und dieselbe Situation für unterschiedliche Formate zu drehen. Geht es bei

Facebook & Co. vor allem um Aktualität, legen wir für die TV-Reportage mehr Wert auf die Qualität einzelner Bilder – ein Mix, für den auch wir erst mal ein Gefühl entwickeln müssen. Anfangs drehen wir tatsächlich alles doppelt, haben viel zu viel Material, das ja auch noch gesichtet werden muss, bevor man es zu einem Film schneidet.

Für die TV-Reportage drehen wir in Wien also zunächst mal die Ankunft in Mensur Suljovics Dartskneipe. Dazu benötigen wir verschiedene Kameraperspektiven, und das bedeutet, die Szene drei-, viermal zu wiederholen. Immer wieder ankommen, einparken, aussteigen und sich in Richtung Bar begeben. Das kostet Zeit. Für die allerersten Posts dann schnell noch ein paar Fotos schießen – auch der User soll wissen, dass wir in Wien angekommen sind. Unser erstes Etappenziel hatten wir am Nachmittag per Facebook-Post angekündigt. Auch das gehört zum Konzept: Wir verraten erst am Morgen des jeweiligen Tages, was ansteht und wen wir besuchen werden. Niemand weiß im Voraus, wem wir auf unserer Reise einen Besuch abstatten. Das entwickelt sich später zum Rätselraten, weil Fans natürlich die Stadt ihres Lieblingsspielers kennen und anhand der Route zu wissen glauben, auf wen wir treffen werden.

Ist die Szene für die TV-Reportage im Kasten, geht es sofort weiter mit dem Facebook-Video. Schnell verkabeln und gleich die Begrüßung drehen, damit nichts gestellt wirkt. Auf einen zweiten Versuch wollen wir in der Regel verzichten – ihn eigentlich nur dann angehen, wenn es technische Probleme gab. Uns ist die Echtheit der jeweiligen Situation wichtiger als irgendein kleiner Versprecher. Es darf ja auch mal über sich selbst gelacht werden. Ein Dreh bedeutet für unsere Produktion also den ständigen Wechsel zwischen Facebook-Videos und Sequenzen für die TV-Reportage. Dabei den Überblick zu bewahren, ist gar nicht so einfach. Natürlich wissen wir im Vorfeld, wen wir interviewen und was wir zeigen wollen, aber jede Szene braucht Übergänge zur nächsten, zumindest für die Reportage. Bei den Facebook-Videos drehen wir möglichst zusammenhängend, da wir gleich über die Kamera posten können. Damit sind diese Sequenzen für die Reportage aber nur selten zu gebrauchen.

Mensur Suljovic führt uns durch seine Kneipe, bringt uns zu dem Board, an dem Rowby-John Rodriguez und Michael Rasztovits trainieren. Wir stellen im ersten Clip die drei österreichischen WM-Starter vor. Wenn einer wirft, erzählen die anderen über ihn. Natürlich hoffen wir darauf, dass aus dem Nähkästchen geplaudert wird. Wer unsere Road to Ally Pally miterlebt, soll die Spieler anders, privater kennenlernen als bisher. Ich bin in den letzten Jahren so häufig gefragt worden, wie einzelne Spieler denn abseits der Bühne und des Rampenlichts so sind. Genau das wollen wir zeigen. Und dazu sind längere Interviews unabdingbar. An diesem Abend haben wir mit dem Gastgeber Mensur Suljovic noch ein längeres Gespräch geplant, in dem Mensur von seiner Flucht aus dem ehemaligen Jugoslawien erzählen wird. Er ist in Tutin, einer kleineren Stadt im heutigen Serbien, geboren. Er hat vier Geschwister: eine Schwester und drei Brüder. Sein älterer Bruder war damals bereits als Soldat im Krieg. Mensurs Mutter litt sehr darunter. Sie hatte Angst um ihren Sohn und wollte kein weiteres Kind in den Krieg ziehen lassen. Als Mensur, damals 21 Jahre jung, zum Wehrdienst eingezogen werden sollte, flohen sie durch die Hintertür. Es war eine Flucht in letzter Sekunde, die viele Tage später in Wien endete, genauer gesagt im 21. Bezirk von Wien, wo die gesamte Familie Suljovic heute lebt.

Mensur spielt an diesem Abend dann fast noch einen 9-Darter. Sportlich gesehen wäre das natürlich der perfekte Start unserer Reise gewesen. Acht perfekte Darts sind aber auch nicht schlecht. Wir werfen später selber noch ein paar Darts und checken gegen ein Uhr nachts im Hotel ein. Wissend, dass in den nächsten Tagen übernachtungstechnisch improvisiert wird, genießen wir das Schlosshotel Wilhelminenberg. Wir müssen noch sämtliche Akkus und Laptops laden – ein Prozedere, dass von nun an zum täglichen Wahnsinn dazugehört. Gegen zwei Uhr liegen wir dann endlich in den Betten.

Tag 2: In Wien bei Rowby-John Rodriguez und eine Nacht in Dresden bei Fans

Am nächsten Tag sind wir um 11 Uhr mit Rowby-John Rodriguez verabredet. Wir dürfen bei ihm zu Hause drehen. Rowby wohnt zusammen mit seiner Freundin Verena in einer gemütlichen, ca. 60 qm großen Wohnung. Wer hier reinkommt, sieht schnell, dass Darts sein Lebensmittelpunkt ist. Im Wohnzimmer hat sich der gebürtige Wiener eine eigene Dartsanlage gebaut – eine Holzkonstruktion mit eingebautem Rechner, damit die jeweilige Partie nicht geschrieben werden muss. Das ist Standard bei den Profis. Dazu stecken zig verschiedene Dartsets in einer Art Baukasten.

Wir interviewen Rowby am Board. Das Interview, das wir auf Facebook senden, hat exakt die Länge eines einzigen Legs, bei dem ich zur Überraschung aller komplett chancenlos bin. Über seine dartsverrückte Familie redet Rowby später beim Essen. Seine Eltern kommen zwar beide von den Philippinen, haben sich aber durch Zufall in Wien kennengelernt. Vater Sunny war selbst ein ziemlich guter Dartsspieler, stand in den 90er-Jahren häufig mit Mensur Suljovic am Board. Er trat später aber kürzer, weil er sich um die Kinder kümmern musste, da die Mutter nachts bei McDonald's arbeitete. Da war es nicht möglich, am Abend mit Teamkollegen zu trainieren. Und so spielte der Papa einfach häufig mit seinen Jungs. Rowby hat drei Brüder. Irgendeiner stand eigentlich immer am Board. Auch Roxy-James, Rowbys älterer Bruder, hat sich schon für die European Tour qualifizieren können. Der 15-jährige Rusty ist in seinem Jahrgang nicht nur die klare Nummer eins Österreichs, er gehört auch europaweit zu den Besten und spielt längst bei Herrenturnieren der BDO mit. Der achtjährige Ridgy braucht zwar noch eine Erhöhung, um die Darts aus dem Board zu ziehen, wirft aber ebenfalls erstaunlich gut.

Ein Satz, der bei diesem Besuch hängenbleibt und viel über Rowby-John Rodriguez' Selbstverständnis aussagt: „Ich fahre nach London zur WM, um Weltmeister zu werden!" So deutlich hört man das von einer Nummer vierzig der Welt nicht immer. Noch ist es allerdings nicht so weit: Rowby wird am sechsten WM-Tag gleich in der ersten Runde gegen den Top-10-Mann Dave Chisnall verlieren.

Von Wien aus geht es weiter durch Tschechien nach Dresden. Wir haben die Idee, uns via Facebook eine Dartskneipe empfehlen zu lassen, um dort einen schönen Dartsabend zu erleben. Außerdem benötigen wir noch einen Schlafplatz. Eine Nacht bei Fans steht an. Von verschiedenen Seiten wird uns das Juwel ans Herz gelegt, eine Dartskneipe mit eigenem Verein. Wir sind gegen 20 Uhr dort, kommen im Dunkeln mit unserem Bus an. Die ersten Fans stehen bereits neben der Einfahrt und weisen uns den Weg. Gleich vor der Kneipe werden es rund 50 Leute sein. Applaus. Es läuft die Hymne des Darts, „Chase the Sun". Wir wussten nicht wirklich, womit wir rechnen sollten, weil die Tour auch gerade erst gestartet war, aber auf die Dresdner Dartsfans ist Verlass. Ein freundlicher Empfang, eine Menge Fotos, nette Gespräche und natürlich auch ein paar Legs Darts. Schnell folgt auch die Einladung von Sabine, dass wir gerne bei ihnen nächtigen können. Wir nehmen natürlich dankend an. Zweite Etage, eine kleinere Zweizimmerwohnung. Das Wohnzimmer gehört für eine Nacht uns. Ich schlafe auf einer Luftmatratze.

Tag 3: Ins Vogtland zu Max Hopp, nach Köln zu *TV total* und nach Essen in die 11-Freunde-Bar

Die Nacht ist kurz, wir müssen um sechs Uhr wieder los, weil der Maximiser wartet. Am Abend haben Max Hopp und ich unseren

Auftritt bei *TV total*, in einer der letzten Sendungen von Stefan Raab. Dieser dritte Tag wird einer der längsten Tage des gesamten Trips. Zunächst geht es von Dresden ins Vogtland zu Max Hoppe nach Kottengrün, später nach Köln zu Raab und anschließend noch in die 11-Freunde-Bar nach Essen. Auch da sollen Pfeile fliegen. Acht Tage vor Beginn der Darts-WM läuft die Werbekampagne bei SPORT1 natürlich auf Hochtouren.

Wenn es das Ende der Welt gibt, dann liegt es irgendwo bei Kottengrün, in der Nähe der tschechischen Grenze. Dort leben Max Hopp, seine Freundin Christin und ihr Sohn Justin. Wir sind kilometerlang durch Wälder und Felder gefahren, haben unser Frühstück unterwegs an einer Tankstelle geholt. Längst sind Fotos vom Morgen und der Tagesplan gepostet. Die letzten Überlegungen zum Inhalt der anstehenden Gespräche werden ausgetauscht. Kurz vor Kottengrün schnallen wir noch die GoPro-Kamera aufs Dach, weil damit einfach tolle Bilder eingefangen werden. Kaiserwetter. Es ist strahlend blauer Himmel, als wir bei Max ankommen. Er lebt auf einem Hügel, in einem Plattenbau. Ich klingle, sage kurz guten Morgen, erkläre Max und Christin unsere Drehpläne, und schon wird gedreht. Max' WM-Sieg bei der World Youth Championship ist gerade mal eine gute Woche her. Er zeigt uns den Pokal und den speziell für die WM angefertigten Adventskalender, den Christin für ihn gebastelt hat. Am 23. Dezember spielt Max sein Match gegen Benito van de Pas. Er wird sich jetzt noch ein paar Tage Zeit nehmen, um Presseanfragen gerecht zu werden, und dann heißt es: Schotten dicht. Keine Ablenkung mehr. Fitmachen für das Match gegen van de Pas, der im letzten Jahr immerhin im Achtelfinale der WM stand.

Kleiner Rückblick: Max Hopp lernte ich im Herbst 2012 erstmals kennen. Da war er gerade 16 Jahre alt und hatte sich als zweitjüngster Spieler überhaupt für die WM qualifiziert. Max lebte damals noch bei seinen Eltern in Idstein, wo er auch aufgewachsen ist.

Idstein liegt im Taunus, nördlich von Wiesbaden, und ist bekannt für seinen 42 m hohen Hexenturm. Bei unserem damaligen Dreh ging es darum, den für die meisten Zuschauer noch unbekannten Max Hopp vorzustellen. Ich glaube, es war damals sein allererster TV-Dreh überhaupt. Er war noch kein Profi, machte eine Ausbildung zum Groß- und Außenhandelskaufmann, die er später für die Karriere abbrach. Wir drehten an seinem Arbeitsplatz, im Zentrum Idsteins und mit seiner ehemaligen Handballmannschaft. Max spielte bis zum zwölften Lebensjahr Handball, galt als Talent, verletzte sich in einem Spiel aber an Schulter und Arm und konnte deshalb nicht weitermachen. Max wirkte drei, vier Jahre älter als seine Handballkumpels. Man dachte, er besucht die Mannschaft seines kleinen Bruders.

Wir hatten uns damals bei ihm zu Hause getroffen. Familie Hopp lebte in der ersten Etage eines Mehrfamilienhauses. Das erste Zimmer auf der rechten Seite war das von Max. Wegen unseres Besuchs hing ein nagelneues Dartboard an der Wand. Wir mussten die Tür schließen, weil ansonsten nicht aus einer Entfernung von 2,37 m geworfen werden konnte – es war halt ein normales kleineres Kinderzimmer mit Bett, Schreibtisch, Kleiderschrank und Dartboard. Und einem Regal, in dem er brav all seine Pokale sammelte. Aus Familientradition ist Max ein Fan von Rot-Weiß Essen. An diese Vereinsfahne erinnere mich noch. Und daran, dass der Kameramann sich ganz schön verbiegen musste, um schöne Bilder zu drehen, denn es war für Fernsehaufnahmen einfach sehr eng.

Vater Ralf hatte Max 2008 zum Darts gebracht, dem Jahr, in dem zum ersten Mal die Darts-Weltmeisterschaft im Alexandra Palace ausgetragen wurde. Während dieser WM wurde Max klar, dass er im Darts erfolgreich sein wollte – seitdem trainiert er mehrere Stunden täglich. Die erste 180 fiel nach drei, vier Monaten. Die ersten kleinen Turniererfolge ließen ebenfalls nicht lange auf sich warten. Mit 13 Jahren gewann er seinen ersten großen internationalen Jugendtitel:

Er wurde Junioren-Europameister. 2012 holte er sich auch seinen ersten Titel bei der World Darts Federation (WDF) in Italien. Bei den Herren wohlgemerkt. Im selben Jahr gelang ihm außerdem die Qualifikation für die PDC-WM, weil er sich beim PDC-Qualifikationsturnier in Bielefeld durchsetzte. Mit diesen Erfolgen sorgte Max Hopp in der deutschen Dartsszene natürlich für Gesprächsstoff. Die Briten wurden etwas später auf ihn aufmerksam, beim Dutch Masters 2012. Max erreichte zum ersten Mal das Hauptfeld eines PDC-Europe-Events. In Runde eins gewann er knapp mit 6:5 Legs gegen den Top-15-Spieler Terry Jenkins. Jenkins ist bekannt für seine enorme Konstanz und gerade für junge Spieler schwierig zu bezwingen, weil er kaum Fehler macht. Plötzlich wurden auch die Topspieler hellhörig. Hopp kannte bis dahin niemand. Dass er 16 Jahre jung war, sprach sich dann schnell herum. Und als er am Tag darauf gegen Weltmeister Steve Beaton antrat (und diesen schlug), blieben auch etablierte Spieler am Veranstaltungsort, um sich den jungen Shootingstar aus Deutschland anzusehen.

Mit diesen beiden Partien war Max Hopp bei der PDC angekommen. Er verlor an Tag drei dann das Achtelfinale gegen den Australier Paul Nicholson. Aber das spielte keine Rolle, denn plötzlich redeten die Allerbesten über ihn, allen voran Raymond van Barneveld und Phil Taylor. Barney sprach gleich vom möglichen Barney-Faktor, der Max Hopp für Darts-Deutschland werden könnte. Das ist der Effekt, den van Barneveld mit seinen ersten beiden WM-Siegen in den Niederlanden auslöste, mit denen er Darts zum Massenphänomen in seiner Heimat machte. Auch Phil Taylor sprach über Hopp. Mit ihm führte ich im Vorfeld der WM 2013, beim Grand Slam of Darts in Wolverhampton, ein längeres Interview. Wir trafen uns im Spielerhotel, Taylor war sehr entspannt. Es ging generell um die Weltmeisterschaft, um legendäre Matches, um seine Vorbereitung auf die WM und am Ende eben auch um Hopp. Er erinnerte sich noch an die beiden Auftritte von Hopp im niederländischen Nuland. „Max ist eines der größten Talente, das ich je gesehen habe", so Taylor. „Und das ist so wichtig für Deutschland. Wenn ich einen Nachwuchsspieler aktuell unterstützen würde, wäre es Max Hopp. Glaubt mir, der ist richtig gut!" Taylor hatte uns mit dieser Aussage natürlich einen Riesengefallen getan. The Power hat in all den Jahren viele junge Spieler kommen und auch gehen sehen. Sein Lob war ein Ritterschlag für Hopp, den nicht nur SPORT1 für seine WM-Kampagne wunderbar nutzen konnte, sondern auch viele deutsche Zeitungen.

Der 16-jährige Maximiser fuhr damals in Idstein ohne elterliche Begleitung mit uns mit, um Aufnahmen zu drehen. Sein Vater hatte noch zu tun. Max war damals schon sehr weit für sein Alter. Er gab mit 16 bessere Interviews als andere mit 56. Er wusste damals schon, dass er trotz Profikarriere nicht nach England ziehen würde. Bis heute ist Max Hopp ohne Management unterwegs; das versuchen sein Vater und er alleine hinzubekommen. Mein Eindruck ist, dass Max insgesamt einfach gut ankommt. Nicht nur bei den Fans, sondern auch bei den Medien und anderen geschäftlichen Partnern. Immer wieder höre ich Kollegen sagen, dass sie einen ergiebigen Termin hatten, ein gutes Interview mit ihm führen konnten. Max kann nicht nur vor TV-Kameras Klartext reden, er ist auch für Zeitungsjournalisten ein interessanter Gesprächspartner. Er schafft es, selbstbewusst zu sein, ohne dabei arrogant zu wirken.

Doch zurück nach Kottengrün 2015. Max Hopps neue Heimat liegt südöstlich von Plauen. Landschaftlich bestimmt eine reizvolle Gegend, infrastrukturell ist dort jedoch der Hund begraben. Aber genau das genießt Max. Hier ist er nicht abgelenkt und kann runterkommen. Es ist ein Kontrast zur grellen Dartswelt. Bevor wir uns auf den Weg nach Köln zu *TV total* machen, hat Christins Mutter noch Kaffee gekocht. Ihre Eltern und auch ihre Schwester leben im selben Haus. Dadurch kann Christins 15-jähriger Sohn auch mal zu Hause bei Oma, Opa und Tante bleiben, wenn seine Mutter Max auf Dartsveranstaltungen begleiten möchte. Christin fährt mit nach Köln. Sie freut sich, bei einer der letzten *TV total*-Sendungen dabei zu sein. Zwei weitere Passagiere in unserem WM-Bus bedeuteten: besser packen, Platz schaffen. Und dann los. Mit Max führe ich auf der Fahrt noch ein längeres Gespräch. Kameratechnisch ist das Ganze ein GoPro-Festival: Wir bringen zwei Kameras im Fahrerhaus an, zwei außen am Auto. Kollege Moritz dreht von der Rückbank aus. Max erzählt von der Junioren-WM, von seiner Freundschaft zu Mensur Suljovic, von dem wir eine Videobotschaft für Max mitgebracht haben. Er erzählt auch vom zurückgezogenen Leben in Kottengrün und von seiner Christin. Sie ist zehn Jahre älter als er und ein wichtiger Rückhalt für ihn. Christin ist selber eine gute E-Darts-Spielerin, sie ist sogar Deutsche Meisterin. 2015 gewannen Christin und Max gemeinsam im E-Darts den Mixed-Titel.

Nach rund sechs Stunden erreichen wir Köln. Kein Stau, eine angenehme Fahrt. Wir sind rechtzeitig in Köln-Deutz bei *TV total*. Das Interview, das wir auf der A5 gedreht haben, hat Moritz während der Fahrt auf Facebook-Länge getrimmt. Auch hier wird es die lange Version erst in der TV-Reportage geben. Und natürlich senden wir sofort einen kurzen Gruß aus der Domstadt, samt des Hinweises auf Stefan Raab. Raab lernen wir kurz vor der Sendung kennen. Ein bisschen Small Talk, er wünscht uns viel Spaß. Die anderen Gäste wurden uns gleich nach der Ankunft vorgestellt: Thomas Anders und H.P. Baxxter. Wir werfen einen Blick ins Studio, der Ablauf wird uns erklärt, wir müssen einmal probeweise die Treppe runtergehen, testen die Ledercouch. Und dann zeigen sie uns das Board, auf dem ich später meine erste 100 vor laufenden TV-Kameras werfen werde. Noch hängt das Board zu niedrig, die Entfernung stimmt nicht. Kleinigkeiten. Noch kurz in die Maske, und dann beginnt auch schon die Sendung. Für Darts, für Max und auch für mich ist es klasse, im Vorfeld der WM zu Gast bei Raab zu sein. Einfach eine perfekte Plattform, um unseren Sport zu promoten. Das Gespräch mit Stefan Raab, das später noch zusammengeschnitten wird, ist allerdings eher mau. Schwamm drüber. Anschließend bin ich noch mit Studenten der Kölner Sporthochschule verabredet, die einen Filmbeitrag über Darts drehen wollen. Und dann geht es auch ziemlich bald nach Essen in die 11-Freunde-Bar.

Diese Bar ist Kult. So groß sie dem TV-Zuschauer erscheint, so klein sind die Räumlichkeiten für die Crew. Zur Begrüßung gibt's Currywurst mit Pommes. Das Redaktionsteam samt seiner Gäste hält sich im Keller an der Kegelbahn auf. Es regnet. Erst am Ende der Sendung werden wir auf Darts zu sprechen kommen. Ich habe die Ehre und darf auf das Lied „Chase the Sun" mit einem Walk-on den Laden betreten. Moderator Thomas Helmer verbreitet ein wenig Ally-Pally-Atmosphäre. Und nach einem kleinen Plausch über Darts, die WM und natürlich auch die Road to Ally Pally geht es ans Board. Jeder Gast bekommt eine Aufnahme. Peter Neururer, Stefan Schnoor, Oliver Pocher und Giovanni Zarella sind diesmal geladen. Stefan Schnoor hatte schon im letzten Jahr bewiesen, dass das Oche für ihn kein Neuland ist. Doch dann kommt Peter der Große. Peter Neururer macht ein paar Aufwärmübungen, schwingt, als stünde er auf der Golf Driving Range. Er hat längst die Lacher auf seiner Seite, stellt sich zum Wurf – und trifft die Unterkante der Theke. Die Gäste in der 11-Freunde-Bar schreien vor Vergnügen. Peter wird später via Twitter posten: „Wenn ihr Hilfe im Ally Pally braucht, sagt Bescheid." Gegen zwei Uhr liege ich dann am Ende eines langen Tages ziemlich erschöpft im Bett eines Essener Hotels.

Tag 4: Nach Hagen zu René Eidams, nach Münster zu BULL'S, nach Bremen in den Kiepenkerl und zu Jyhan Artut

Tag 4 ist unser letzter Tag in Deutschland. Natürlich wollen wir mit René Eidams und Jyhan Artut auch die beiden anderen deutschen

WM-Starter neben Max Hopp treffen. Zu Eidams machen wir uns gleich am Morgen auf den Weg nach Hagen. Mit Artut sind wir am Abend in Bremen verabredet. Dort wartet außerdem eine WM-Auftaktparty auf uns. Shorty Seyler hat uns per legendärer Videobotschaft in den Kiepenkerl geladen, eine bekannte Dartskneipe in Bremen. Auf diesem Video tanzen Shorty und seine Freundin Wiebke in wunderbaren Kostümen, und Wiebkes Hund bellt dazu. Und zwar so laut, dass man kaum verstehen kann, was Shorty da sagt. Wir nehmen die Einladung natürlich an.

René Eidams kannte ich zwar schon von der European Tour, doch zu einem längeren Gespräch hatte es bislang nicht gereicht. Auch er steckt natürlich in der Vorbereitung auf die Weltmeisterschaft, weiß aber nicht so genau, was da auf ihn zukommen wird. So trainiert er teilweise bei lauter Musik und aufgedrehter Heizung, um sich an die Gegebenheiten im Alexandra Palace zu gewöhnen. Ob das damit gelingt, ist fraglich. Aber was mir gefällt: Er beschäftigt sich mit seinem Match, fährt nicht einfach nach London und schaut dann mal. Dass er den Namen seines thailändischen Vorrundengegners Thanawat Gaweenutawong im Gegensatz zu mir unfallfrei aussprechen kann, passt da ins Bild.

Beruflich arbeitet der 26-Jährige im Außendienst der Firma seiner Eltern. Er beliefert Kioske, träumt aber von einer Profilaufbahn und weiß, dass diese WM ein großer erster Schritt dahin sein kann. Wie einige deutsche Topspieler kommt auch er aus der E-Darts-Szene, hat dort so ziemlich alles gewonnen, was es zu gewinnen gibt. Für den Schritt zur PDC hat er viel an seiner Technik gefeilt. Seine Steel-Darts steckten früher häufig unsauber im Board, doch das ist Geschichte. Mit seiner WM-Qualifikation hatte niemand gerechnet. Er schaffte den Schritt zum Ally Pally durch die BULL'S Superleague, die René am Ende gewann. Das war deshalb überraschend, weil er sich eigentlich nicht für das Endturnier qualifiziert hatte. Doch dann rutschte Hopp durch seine Ranglistenplatzierung direkt ins

Hauptfeld der WM, und Eidams rückte nach. Er gewann auch nur ein einziges Match in der Gruppenphase, aber es reichte irgendwie für Tabellenplatz zwei, und am Ende auch, um Maik Langendorf im Finale mit 10:8 zu bezwingen, gegen den er in der Gruppenphase zuvor noch verloren hatte.

Diese Road to Ally Pally ist für uns auch ein Trip durch unterschiedlichste Darts-Welten. Später werden wir noch Spieler wie Peter Wright und James Wade treffen oder den fünfmaligen Weltmeister Raymond von Barneveld, der ein Darts-Büro über zwei Etagen hat, inklusive einem eigenen Raum für sämtliche Trophäen. Doch René Eidams beschäftigt die Sorge, ob sein Englisch reicht, um auch im Hotel anzukommen, ob es einen Shuttle vom Hotel zum Alexandra Palace gibt und ob er am Tag zuvor schon mal zum Ally Pally fahren darf, um einen Eindruck von der Stimmung zu erhalten. Er reist mit seiner Freundin und einem befreundeten Pärchen nach London. René hat verstanden, dass sich das Leben seiner Freunde in den letzten Wochen ziemlich um ihn gedreht hat, und er möchte mit diesem Trip gerne denjenigen etwas zurückgeben, die ihm in der Vorbereitung geholfen haben.

Und dann kommt es am Freitag, den 18.12.2016, dem zweiten WM-Tag, zu diesem Match. Eidams spielt eine Vorrundenpartie gegen Gaweenutawong, die man nicht vergessen wird. Nicht, weil sie qualitativ herausragend wäre – im Gegenteil. Das Match wirkt wie ein Slapstick. Gaweenutawong verrechnet sich häufig, geht falsche Wege, haut sich vor Wut an die eigene Rübe. Später, nach dem Sieg, vergisst er beim Handschlag, dass er Darts in seinen Händen hält und verletzt Eidmans leicht mit den Spitzen. Der Hagener gewinnt diese Partie mit einem lausigen Average von 69 Punkten. Das hat es bei einer Weltmeisterschaft selten gegeben, dass jemand mit solch einem Schnitt ein Match gewinnt. Ein, zwei Stunden später darf Eidams dann gegen den Turnierfavoriten ran, gegen Michael van Gerwen. Am Kommentatorenplatz haben Shorty und ich Sorge, dass er sich jetzt eine Panierung abholt, die sich gewaschen hat. Und es passiert genau das, was nicht gegen den Weltranglistenersten passieren darf: Er kommt nicht ins Match, liegt schnell zurück, sogar mit 0:2 Sätzen. Das Spiel ist so einseitig, dass Shorty und ich schon bald den Glauben an eine Aufholjagd verlieren. Ich biete im TV die Wette an, mir im Falle eines Sieges von Eidams die MVG-Frisur zu verpassen: Glatze. Das soll vor allem verdeutlichen, was für einen Klassenunterschied wir da gerade erleben. Und was passiert? Plötzlich beginnt Eidams Darts zu spielen. Er kämpft sich in das Match, gleicht in den Sätzen aus. Es geht beim Stand von 2:2 Legs in die Verlängerung des Entscheidungssatzes. Die Sorge um meine Haare ist inzwischen absolut berechtigt. MVG gewinnt schließlich mit 4:2, doch Rene Eidams war kurz davor, eine der größten Überraschungen in der WM-Geschichte zu schaffen.

Von Hagen aus geht es nach Münster zur Firma BULL'S, dem wichtigsten deutschen Dartshersteller. Spieler wie Mensur Suljovic, Max Hopp oder Shorty Seyler werden von BULL'S ausgestattet. Die Entwicklung von Darts in Deutschland, ist natürlich auch am Markt für Dartsequipment gut nachzuvollziehen. Kurz vor der WM sind die Lager voll. Meterhohe Regale sind mit ein paar Tausend Boards, Darts oder Shirts gefüllt. BULL'S hat angebaut. Hatte man 2005 noch eine Fläche von 1000 qm, ist sie inzwischen auf 3000 qm angewachsen. Gerade der Steel-Darts-Bereich hat sich in den vergangenen zwölf Jahren besonders durch die TV-Übertragungen vergrößert. Steel-Darts spielte bis 2005 eine Nebenrolle bei BULL'S, machte gerade mal zwölf Prozent des Gesamtmarktes aus. Heute ist das Verhältnis 50:50, wobei auch der Soft-Tipp-Bereich deutlich gewachsen ist.

Wir haben Verspätung. Eigentlich wollten wir gegen 20 Uhr in Bremen im Kiepenkerl sein. Doch es gibt Probleme mit dem Hotel. Wir müssen in ein anderes wechseln, und das dauert. Erst gegen 21 Uhr sind wir soweit. Shorty hat mir schon zig WhatsApp-Nachrichten geschickt, dass die Leute ungeduldig werden. Doch als wir ankommen, ist die Stimmung klasse. Die Gäste sind alle vor die Kneipe gekommen, um uns zu begrüßen. Wir drehen zwei Ehrenrunden mit unserem Bus, und dann geht es rein in den Kiepenkerl. Bremen ist an diesem Mittwochabend schon ein bisschen Ally Pally. Viele sind kostümiert, es läuft Musik, im hinteren Raum wird Darts gespielt. Und mittendrin ist auch Deutschlands erfahrenster WM-Starter Jyhan Artut.

Jyhan kommt gebürtig aus Holzminden, aus der Nähe von Hannover. Inzwischen lebt er mit seiner Freundin Anja in Bremen. Zum Darts kam er im Alter von 13 Jahren durch seinen 2008 verstorbenen Vater Haydar, dem der Pub 49 gehörte. Dort hing damals eine Dartsscheibe, an der sich irgendwann auch Jyhan versuchte. Wie fast alle Dartsprofis hat auch er ziemlich schnell großen Erfolg. Sein erstes größeres Turnier ist die Niedersachsen-Meisterschaft, die er in seiner Altersklasse im ersten Anlauf gewinnt. Später gehört er zur Junioren-Nationalmannschaft, ist einer der besten Spieler in Deutschland. Seit rund drei Jahren spielt er ausschließlich Darts, ist Deutschlands Nummer zwei in der Weltrangliste hinter Max Hopp und arbeitet für das Ziel, die Top 32 zu erreichen. 2016 wird Artut bereits seine fünfte Weltmeisterschaft spielen. Und die Vorfreude ist bei ihm so groß wie 2009, als er sich zum ersten Mal auf den Weg zum Alexandra Palace machte. Diesmal wartet in Runde eins mit Stephen Bunting ein Kumpel, den er beim letzten Duell im Juli 2015 bezwingen konnte. Noch lebt die Hoffnung. Elf Tage später, am Abend des dritten WM-Tages, ist Artut leider aus dem Turnier ausgeschieden und hat keinen Satz gegen Bunting gewonnen.

Gegen Mitternacht ziehen wir uns von der WM-Auftaktparty zurück, denn wir müssen am nächsten Morgen rechtzeitig los.

Tag 5: Nach Den Haag zu Raymond van Barneveld

Inzwischen haben wir rund 2000 Kilometer zurückgelegt. Es geht in die Niederlande zu Raymond van Barneveld und am selben Abend von Rotterdam aus noch mit der Fähre nach England. Mit „Barney" sind wir in Den Haag in seinem Büro verabredet. Es befindet sich in einem Gewerbegebiet, geht über zwei Etagen und ist geschätzt 200 qm groß. Raymond kommt zur Begrüßung gleich raus auf den Parkplatz. Er bereitet sich in diesen Tagen mit dem jungen Niederländer Jeffrey de Zwaan auf die WM vor. Man muss sich sein Büro vorstellen wie ein kleines Barney-Museum. Zig Fotos, viele Erinnerungsstücke, unglaublich viele Pokale, Auszeichnungen. 2015 war nicht unbedingt sein bestes Profijahr, aber diese Trophäen führen einem noch mal vor Augen, wie unfassbar erfolgreich seine Karriere verlaufen ist.

Es sind gar nicht unbedingt die WM-Pokale oder andere große Siegerpötte, die Barneys Büro zu einem Schmuckkästchen machen, eher die vielen kleinen, persönlichen Dinge. Der Gang durch die Räume ist wie eine Zeitreise, in der man an verschiedenste Momente seiner Laufbahn erinnert wird. Unabhängig davon steht in einem Hinterzimmer im Untergeschoss noch eine Lego-Duplo-Sammlung, gleich neben einer kleinen Küche und dem Büroraum mit Schreibtisch. Raymond van Barneveld sammelt gerne. Er hat schon als Kind gesammelt: Briefmarken, Münzen und eben auch Spielzeug. Das sind nicht ein paar Kartons, die in diesem Zimmer stehen, das ist Legoland. Er weiß noch nicht so recht, was er damit machen möchte – für die Enkelkinder aufheben oder irgendwann verkaufen.

Eine schmale Treppe führt hinauf in den ersten Stock. Wer mit Raymond van Barneveld durch sein Büro geht, erfährt zu jedem Foto auch eine Anekdote. Von privaten Familienfotos bis hin zu Aufnahmen der großen und wichtigen Momente seiner Karriere. Er erinnert sich an kleinste Details. Es geht vorbei an einem

Riesenplakat mit Barney in Übergröße. Vorbei an eingerahmten Shirts aus der Vergangenheit, Fotos mit vielen Weggefährten, unter anderem auch ein Bild von seiner ersten Premier-League-Saison. Gut zehn Jahre ist das her, 2006. Damals spielten Peter Manley, Colin Lloyd, Ronnie Baxter, Wayne Mardle, Roland Scholten, Phil Taylor und er selbst in der Premier League. Manley, Mardle, Lloyd und Scholten haben ihre Karriere inzwischen beendet. Bei Baxter ist dieser Schritt auch nicht mehr weit; er wird Probleme haben, am Ende des Jahres eine Tour Card zu bekommen. Nur The Power und Barney lassen sich von der neuen Generation noch nicht unterkriegen.

Und dann ist man im Trainingsbereich. Hier steht eine kleine Bar mit drei Barhockern. Drei Oches haben locker Platz auf diesen rund 40 qm. Eine Auszeichnung des niederländischen Königshauses hängt an der Wand. Raymond van Barneveld wurde nach seinen ersten WM-Siegen zum Ritter geschlagen. Und an Darts, Flights, Shaften, Equipment mangelt es ohnehin nicht. Aussortierte Boards stehen überall. Hier kannst du dich stundenlang aufhalten und trainieren. Aber es ist nicht die Quantität, die dich in Form bringt, das hat van Barneveld in seiner langen Karriere gelernt. Er will effektiv trainieren vor der WM. Er braucht nicht mehr sechs, sieben Stunden täglich. Lieber nur drei, aber dafür intensiv. Einen Raum weiter stehen die ganz großen Pokale. Es ist eine Art Seminarraum. Großer Tisch, zwei Sofas, ausreichend Sitzmöglichkeiten für rund 15 Gäste. All das umrahmt von mächtigen Pokalen aus der BDO-Zeit oder auch die Originaltrophäe vom WM-Sieg 2007. Auch wenn es ihm nach so vielen Jahren schwer fällt zu sagen, was der größte oder wichtigste Erfolg der Laufbahn war: Dieser Erfolg von 2007 steht ganz weit oben auf van Barnevelds Liste. Das gewonnene Finale gegen Phil Taylor, im wohl besten Match aller Zeiten. Es war die letzte Weltmeisterschaft in der Circus Tavern. Und da es seit 2008 einen neuen Pokal gibt, die Sid Wadell Trophy, durfte Barney den

Pokal von 2007 mit nach Hause nehmen. Es ist eine in Gold gefasste Erdkugel. Sie thront auf einer Säule.

Sich mit Raymond van Barneveld zu unterhalten macht Spaß, weil es auch, aber nicht nur um Darts geht. Er liebt Fußball, spielte als Jugendlicher selber aktiv in einem Verein in Den Haag, zunächst als Torwart, später auf dem Feld. Barney erzählt auch gerne von seiner Familie, seinen Kindern. Er wird während der WM zum ersten Mal Großvater werden und spricht bei unserem Treffen schon viel über die anstehende Geburt. Es gibt aber auch den nachdenklichen Barney, der sich und seine Leistung immer wieder hinterfragt. Das ist eine Seite, die jeder Fan auch am Oche von ihm erlebt.

Raymond wird in einem Arbeiterviertel südwestlich von Den Haag groß. Seine allerersten Darts wirft er im Alter von sechs Jahren während des Familienurlaubs auf Mallorca 1973. Mit 17 bekommt er zum Geburtstag sein erstes eigenes Dartboard. Doch das ist bunt, sieht anders aus als die Boards, auf denen er normalerweise spielt. Er ist enttäuscht, kauft sich aber dennoch von seinem Geburtstagsgeld sein erstes Set Darts der Firma Winmau. Und von da an spielt er täglich mehrere Stunden. Viele Freunde hat Raymond in seiner Jugend nicht. Er ist schüchtern, eher ein Außenseiter, hasst es in der Schule, vor der Klasse zu reden. Vor allem nach dem Umzug in ein anderes Stadtviertel von Den Haag verbringt er die Nachmittage meistens allein. Raymond hat seine Kindheit immer wieder als langweilig beschrieben. Häufig spielt er in seinem Kinderzimmer alleine Darts oder hört Musik, zieht sich zurück.

Irgendwann gründet sein Vater eine Dartsmannschaft, bei der Raymond mitspielen darf. Und dann geht es schnell: 1984 qualifiziert er sich zum ersten Mal für ein Herrenturnier, die Hague Open. Vier Monate später holt Barney seinen ersten Titel, bei einem Turnier in Rotterdam. Durch den Dartssport wird ihm plötzlich eine Aufmerksamkeit zuteil, die er vorher nicht erfahren hat. Er bekommt Anerkennung, wird selbstbewusster. Erfolge am Oche haben für den Niederländer nicht nur einen sportlichen Wert, sie sind vor allem Balsam für sein angeknackstes Selbstvertrauen, seine sensible Seele. Bei jeder Partie Darts steht also mehr auf dem Spiel als nur Sieg oder Niederlage. Das treibt Raymond an. Im Alter von 23 Jahren spielt er 1991 seine erste Weltmeisterschaft. Die BDO hatte ihm eine Wild Card gegeben. Eine große Ehre, doch er verliert sein Auftaktmatch gegen den Australier Keith Sullivan mit 0:3 Sätzen. Der Traum von der Profikarriere ist damit erstmal geplatzt. Barney fährt alleine nach Hause und ist sehr geknickt. 1995 bestreitet er sein erstes WM-Finale. 1998 folgt der Sieg bei der BDO-Weltmeisterschaft. Van Barneveld ist der erste niederländische Weltmeister der Geschichte. Er gewinnt dieses Finale gegen den Waliser Richie Burnett mit 6:5 und revanchiert sich damit für die WM-Finalniederlage drei Jahre zuvor. Diesmal ist er auch für die Feierlichkeiten nach dem Finale gewappnet. Aus Sorge, eine Rede halten zu müssen, bereitet Barney gleich zwei Reden vor: eine als Weltmeister, die andere für den Fall, dass er verliert. Dieser WM-Erfolg verändert sein Leben und ist der Beginn einer neuen Ära. Was sich aber bis heute nicht gelegt hat, sind die immer wiederkehrenden Selbstzweifel.

Gegen 17 Uhr machen wir uns auf in Richtung Rotterdam. Unsere Fähre nach England legt um 23 Uhr ab. Wir haben ein wenig Zeit, sind noch geflasht vom Besuch bei Barney. Ein Dreh bei einem Topstar ist im Vorfeld immer mit vielen Fragezeichen oder Unbekannten versehen. Wie viel Zeit wird er sich für uns nehmen? Was dürfen wir drehen? Wie nah kommen wir an den jeweiligen Spieler ran? Raymond van Barneveld gab sich äußerst entspannt und redselig. Wovon er dennoch nichts erzählte, war sein geplanter WM-Coup. Barney weiß zu dieser Zeit schon, dass er an Position 16 gesetzt ist und es somit, unter normalen Umständen, auf ein Achtelfinale gegen Michael van Gerwen hinausläuft. Die Vorbereitung auf die WM reduziert sich für ihn auf diese Drittrundenpartie. Da will er zuschlagen und den Topfavoriten aus dem Turnier werfen, so wie er es 2014 im Premier League Finale gemacht hat. Und genau das passiert: Van Barneveld bezwingt den Weltranglistenersten 4:3. Die WM geht ab Dienstagabend, den 29. Dezember 2015 ohne MVG weiter. Van Barneveld verliert später das Halbfinale gegen Adrian Lewis.

Wir fahren mit der Nachtfähre nach England, von Rotterdam nach Hull. Die Kameras, die wir für die Fahrt aufs Schiff extra außen am Auto angebracht haben, müssen wir alle wieder abnehmen. Warum auch immer, sie sind verboten. Es ist nicht besonders viel los am Hafen. Wer fährt schon im Dezember mit dem Auto auf die Insel? Schiffsarbeiter freuen sich über unsere 180er-Felgen und die Worte Ally Pally auf dem Auto. Wir nähern uns der Heimat des Darts. Natürlich müssen auch in dieser Nacht sämtliche Akkus in unserer engen Kabine geladen werden. An Deck teste ich zum ersten Mal den Facebook-Livestream. Knapp 2000 User sind dabei, stellen Fragen, wünschen uns eine gute Zeit. Später werden über 1,5 Millionen Menschen unsere Beiträge lesen. Damit hatten wir niemals gerechnet.

Wir machen für rund sechs Stunden die Augen zu. Ab morgen drehen wir die Uhren um eine Stunde zurück, fahren links und essen Baked Beans mit Würstchen zum Frühstück.

Tag 6: Nach Oldham zu MVG und nach St. Helens zu Dave Chisnall

Um sechs Uhr weckt uns die Kabinendurchsage. Wir legen in rund 1,5 Stunden im Nordosten Englands an, in Hull. Es ist windig und kalt. Ein langer Tag wartet. Noch ist nicht klar, was wir alles drehen werden. Noch warten wir auf die Rückmeldung von Dave Chisnalls Manager Roger Schena, ob wir „Chizzy" in seiner Geburtsstadt

St. Helens treffen können. Wir hatten sogar mal die Hoffnung, uns in St. Helens mit Chisnall, Michael Smith und Stephen Bunting zu treffen, denn alle drei kommen aus dieser Region. Doch Smith hat keine Zeit, und Bunting ist im Süden Englands bei einer Exhibition. Sein Manager Jon Archer signalisiert uns aber, dass es am nächsten Morgen mit einem Treffen klappen wird, sie fahren dafür extra morgens um fünf Uhr los.

Unser erstes Ziel heißt Oldham. Oldham liegt nordöstlich von Manchester, dort findet eine große Exhibition mit Michael van Gerwen statt. Das ist zumindest die Information, die wir vom Management erhalten. Um 14 Uhr werden wir eine Stunde lang mit MVG drehen können. Die Fahrzeit von Hull nach Oldham beträgt 90 Minuten. Wir haben Zeit für ein erstes ausgiebiges englisches Frühstück. Wir fahren in North Ferriby ab, finden ein kleines Café, in dem zwei, drei Tische mit Straßenarbeitern besetzt sind, die uns zeigen, was hier um zehn Uhr morgens gegessen wird: English Breakfast. Tatsächlich: Auf jedem Teller liegen Würstchen, dicke Bohnen, Spiegeleier und Toast. Und es schmeckt. Vielleicht nicht jeden Tag, aber an diesem Vormittag finden wir es wunderbar. Was nicht schmeckt, ist der Kaffee. Egal. Die Road to Ally Pally ist ja irgendwie auch eine kleine Kulturreise. Wir durchqueren England zunächst von Ost nach West, später geht es zurück in den Südwesten, um irgendwann in London zu landen. Unsere Route ist vorgegeben durch die Wohnorte der Spieler, die wir nacheinander abklappern werden.

Oldham hat 100.000 Einwohner und ist wirklich keine schöne Stadt. Als Jason Thame, der Manager von Michael van Gerwen, uns begrüßt, grinst er und sagt: „Hier möchtest du nicht wohnen." Ehrlich gesagt will ich hier nicht mal tot über dem Zaun hängen. Die Exhibition findet im bekanntesten Gebäude der Stadt statt, im Oldham Coliseum Theatre. Ein Veranstaltungsort für Konzerte, Ausstellungen oder andere Events. Die gute Nachricht für uns ist, dass die

Exhibition viel größer ist, als wir dachten. Nicht nur van Gerwen ist hier, sondern auch Vincent van der Voort, Simon Whitlock, John Henderson und Mark Webster. Nach und nach trudeln sie alle ein. Bei dieser Art von Exhibition spielen Profis ein kleines Turnier untereinander aus. Dabei geht es eigentlich weniger ums Gewinnen als um die Show, aber van Gerwen deutet uns gleich an, dass er sich auch hier durchsetzen möchte. Er sieht es, so unmittelbar vor der WM, als Training unter Wettkampfbedingungen an. Das Oldham Coliseum hat Platz für 600 Gäste. Große Bühne, Leinwände rechts und links, Caller, Walk-on-Musik. Dem Zuschauer wird das komplette Programm geboten.

Wenn du für einen Sender wie SPORT1 unterwegs bist und erzählst, du bekommst MVG für eine Stunde vor die Kamera, wird die Liste an redaktionellen Wünschen mit jeder Minute länger. Könntest du nicht noch dies oder jenes fragen? Oder ginge ein gesondertes Interview für die Online-Redaktion? Mach doch noch einen Aufsager für unsere Trailer-Redaktion. Wir starten zunächst mal mit einem kurzen Take für die tägliche Fußballsendung *Bundesliga Aktuell*. Für Michael van Gerwen sind solche Drehs purer Alltag. Er ist Profi, nimmt sich Zeit, antwortet ausführlich, möchte aber auch, dass die Pausen zwischen den verschiedenen Interviews nicht zu lange dauern, damit sich der Dreh insgesamt nicht so zieht. Oben auf der Bühne trainieren wir mit ihm die Doppel-12. 2015 hat er zigfach den 9-Darter, das perfekte Spiel, mit seinem letzten Dart auf die Doppel-12 versaut. In unserem Gespräch muss er die Doppel-12 neun Mal treffen, dann ist das Interview beendet. Immerhin: Wir bekommen vier Aufnahmen Zeit.

Das ausführlichste Interview drehen wir im Zuschauerraum. MVG erzählt von seinen Anfängen, dass er als Kind ein miserabler Fußballer war. Er wurde wegen seines Körpergewichts gehänselt und in die Abwehr abgeschoben. Auch beim Judo blieb der Erfolg aus. Zum Darts kam er zufällig. Er spielte hin und wieder zu Hause mit seinem Vater oder Bruder und nahm dann eher spontan an einem

Schulturnier teil. Dieses Turnier war der Beginn einer außergewöhnlichen Karriere. Michael van Gerwen kam zum ersten Mal mit einem Pokal nach Hause. Es gab Anerkennung für eine sportliche Leistung, und das motivierte den damals Zwölfjährigen ungemein. Michael ist fleißig, trainiert ausdauernd, wird ziemlich schnell ziemlich gut. Sein Vater kutschiert ihn quer durchs Land zu sämtlichen Jugendturnieren. MVG holt sich einen Titel nach dem anderen.

Michael van Gerwen wächst in einfachen Verhältnissen auf. Sein Vater Henri ist Kraftfahrer, seine Mutter Wilma arbeitet in der Kantine einer Metallbaufirma. Darts ist für den kleinen Michael auch eine gute Gelegenheit, sein Taschengeld ein bisschen aufzubessern. In der Kneipe ein paar Häuser weiter schreibt er Matches, nach und nach kommt Preisgeld dazu. Der erste ganz große Triumph ist der Sieg beim World Masters. Mit 17 Jahren und 174 Tagen wird er der jüngste Major-Sieger aller Zeiten. Und kann sich zum 18. Geburtstag einen Golf GTI leisten – bar bezahlt natürlich. Anfang 2007 wechselt MVG zur PDC. Er braucht ein paar Jahre, um sich auch dort durchzusetzen. Der Sieg beim World Grand Prix 2012 ist sein erster großer Erfolg beim Profiverband. 2014 wird er zum ersten Mal Weltmeister. Das freut natürlich auch die Eltern, doch von viel größerer Bedeutung ist für sie die Einladung des niederländischen Königshauses. Michael van Gerwen darf in den Soestdijk-Palast südöstlich von Amsterdam. So stolz hat MVG seine Eltern noch nie erlebt.

Obwohl van Gerwen 2001, kurz nach den ersten beiden WM-Siegen Raymond van Barnevelds, mit Darts beginnt, bekommt er von Barneys Erfolgen überhaupt nichts mit. Darts im Fernsehen findet er langweilig, er möchte selbst spielen. Trotzdem profitiert van Gerwen natürlich von der Entwicklung des Sports in den Niederlanden, die durch Barneys Siege in Gang kam. Dartsakademien und zahlreiche Jugendturniere ermöglichen eine gute Nachwuchsförderung, die van Gerwen schnell auf das Niveau bringt, Erwachsenenturniere bestreiten zu können. Bereits im Alter von 16 schlägt er etablierte Spieler wie Colin Lloyd, Simon Whitlock oder Raymond van Barneveld. Mit 17 Jahren gelingt ihm der erste Sieg über Phil Taylor. Trotzdem braucht van Gerwen fünf weitere Jahre, um es an die absolute Weltspitze zu schaffen.

Die Spieler haben noch zwei, drei Stunden Zeit, bevor es bei der Exhibition in Oldham ernst wird. Anders als bei PDC-Turnieren sind alle sehr entspannt. Wir unterhalten uns mit Vincent van der Voort über seinen Kumpel Michael van Gerwen. Die beiden reisen häufig miteinander zu Turnieren, trainieren immer wieder gemeinsam. Vincent reibt sich an van Gerwens Aussage, dass mit dem Spaß auch der Erfolg zurückkommt. „In seiner Position ist es so leicht, zu sagen: Hab Spaß, und dann kommt der Erfolg. Er hat bei all dem Erfolg natürlich Spaß. Wenn du in einer Krise steckst und einfach keine Ergebnisse einholen kannst, ist es so schwierig, Freude zu entwickeln." Van der Voort weiß, wovon er spricht. Er hätte vor knapp drei Jahren fast seine Karriere beendet, weil gar nichts mehr lief.

Apropos Krise: Simon Whitlock läuft uns sozusagen in die Arme. Er hat in diesen Tagen auch nicht viel zu lachen auf dem Circuit. Er ist aus den Top 10 rausgerutscht. Der Mann aus dem Südwesten Australiens trainiert gerade mehr, als er es je getan hat. Whitlock ist im australischen Cessnock geboren. Nach der Karriere zurück in seine Heimat Australien zurückzugehen, kommt für ihn gar nicht mehr in Frage. Er mag England, hat dort sein soziales Umfeld. Und warum nennt er die Doppel-13 sein Lieblingsdoppel? „Keine Ahnung, das ist einfach so. Das kam zufällig. Aber wenn es geht, stelle ich mir die Doppel-13!" Aha. Diese Doppel-13 ist ja deshalb so erstaunlich, weil ich bei einem Treffer in die einfache 13 eine ungerade Zahl hätte und umstellen müsste.

Der Schotte John Henderson ist ein richtig guter Typ. Es gibt Menschen, die sagen, er sähe aus wie ein kleines Monster. Ein Hüne ist er auf jeden Fall, 1,91 m groß. John kommt aus den schottischen Highlands. „Dort sind die Menschen alle so groß wie ich", behauptet der

Highlander und lacht. Er ist immer freundlich, grüßt, plaudert gerne. Aufgrund des schottischen Akzents ist er allerdings manchmal gar nicht so leicht zu verstehen. John erzählt über Darts in Schottland. Es hat dort traditionell einen ziemlich hohen Stellenwert, durch Gary Anderson, Peter Wright und Robert Thornton, drei Spielern aus den Top 10, ist das Interesse an Darts jetzt aber noch mal gestiegen. Für Henderson macht es sich auch dadurch bemerkbar, dass er häufiger für Exhibitions gebucht wird als früher. Auch er geht nach unserem Gespräch ans Practice Board und bereitet sich auf den Abend vor.

Wir packen unsere Sachen und machen uns auf den Weg zu Dave Chisnall. Auch wenn er inzwischen nicht mehr direkt in St. Helens lebt, möchte er sich mit uns in seiner früheren Stammkneipe treffen. Hier hat Dave zusammen mit seinen beiden älteren Brüdern viele Stunden mit Darts und auch Snooker verbracht. In der Bar gilt noch eine alte Tradition, die es in England aber immer seltener gibt: Es dürfen nur Männer eintreten. Frauen verboten! Es handelt sich um einen etwas heruntergekommenen Laden mit einer kleinen Bar, zwei Snookertischen und einem Dartboard. Am Dartboard spielen zwei tätowierte Typen auf ziemlich gutem Niveau, es fallen einige 180er. Dave hat seinen älteren Bruder mitgebracht, der ihm wie aus dem Gesicht geschnitten ist. Die beiden Jungs am Dartboard sind langjährige Kumpels von Dave. Vor Jahren hatten sie alle den Traum, Profispieler zu werden, haben täglich gespielt. Nur Dave hat es geschafft. Er ist durch seine Karriere auch aus St. Helens rausgekommen, fährt aber immer wieder gerne her, um Zeit mit seinen Freunden zu verbringen. Dave und ich spielen eine Partie Snooker. Das Schlimme ist, dass ich im Snooker ähnlich chancenlos bin wie beim Darts. Zwar erwähnt Dave immer wieder, dass er lange kein Snooker gespielt hat, man merkt ihm aber an, dass er auch bei diesem Spiel mal richtig gut war.

Dave Chisnall ist ein leiser Mensch, kein großer Sprücheklopfer. Er spricht schnell. Interviews waren für ihn lange Zeit ein unangenehmes Muss. Roger Schena, sein Manager, kam nach Matches auf der European Tour häufig zu mir und bedankte sich, weil ich Fragen stellte, zu denen es Dave nicht schwerfiel, Antworten zu finden. Er spricht nicht gerne vor vielen Menschen. Seine Antworten sind kurz. Privat ist Chisnall ein umgänglicher Typ, einer der Spieler auf der Tour, den irgendwie alle mögen. Er eckt nicht an, redet niemals schlecht über andere Kollegen. Jetzt, am Snookertisch seiner Heimatkneipe, hat Dave ein Heimspiel. Seit er sieben Jahre alt ist, kommt er regelmäßig hierher. Schnell vergisst er, dass eine Kamera filmt. Dave erzählt gerne von seiner Tochter Lexie Rose, mit der er viel Zeit verbringt, wenn er zu Hause ist. Und auch von seiner Freundin Carla. Chizzy ist ein Sportfan. Als Jugendlicher hatte er den Traum, Fußballspieler zu werden, so wie die meisten Jungs aus der englischen Arbeiterklasse. Aber dafür war er nicht gut genug. Und wenn er kein Dartsprofi geworden wäre? „Dann würde ich wohl jeden Tag in einer Fabrik stehen und mein Geld verdienen."

Übernachten werden wir an diesem Samstag in Stoke-on-Trent. Wir stecken mitten im Berufsverkehr, brauchen knapp zwei Stunden, um in die Stadt zu kommen, in der ungewöhnlich viele Topspieler geboren sind: Phil Taylor, Adrian Lewis, Ian White, Ted Hankey, Andy Hamilton. Andy „The Hammer" Hamilton, der WM-Finalist von 2012, hat uns am nächsten Abend zu einer kleinen Exhibition ins The Joker eingeladen, einem Pub im Süden von Stoke. Wir checken in einem Hotel gleich neben dem Fußballstadion von Stoke City ein. Immer wenn ich diesen Vereinsnamen höre, muss ich an das Tattoo denken, dass sich Arian Lewis im Alter von 14 Jahren mehr oder weniger aus Langeweile am linken Knöchel selber stach. Es musste der Knöchel sein, damit seine Eltern davon nichts mitbekamen. Stoke City ist der zweitälteste noch existierende Fußballverein der Welt. 1863 gegründet. Spitzname „The Potters" (Die Töpfer), weil Töpferei der wichtigste Industriezweig der Region ist.

Natürlich ziehen wir am Abend noch los, um in Stoke-on-Trent Darts zu spielen. Ohne Kameras, einfach nur mit einem Set Darts in der Jackentasche. Merkt man der Stadt an, dass hier irgendwo ein Darts-Gen versteckt ist, dass einige Stars der Profiszene hier leben? Erinnert irgendwas an Taylor, oder Lewis? Bekommt man an Straßenecken vielleicht Dartboards geschenkt? Die Antwort lautet: NEIN. Wir tun uns schwer, in der Innenstadt überhaupt eine Kneipe mit Dartboard zu finden. Endlich werden wir fündig und sind gegen 22 Uhr die letzten Gäste im Pub. Es ist verrückt und ernüchternd zugleich. Nichts zu sehen von irgendeiner Darts-Euphorie in diesem ziemlich grauen Stoke-on-Trent. Wir spielen Darts, und es läuft keinen Deut besser als anderswo. Auch in der gefühlten Darts-Hauptstadt fliegen unsere Darts am Treble oder Double vorbei. Es regnet. Stoke-on-Trent ist trist.

Tag 7: In Stoke-on-Trent bei Andy Hamilton

Am nächsten Tag fahren wir ins The Joker zu Andy Hamilton. Diese Exhibition ist ein Kontrast zur Veranstaltung von Oldham mit van Gerwen und Co. Hamilton ist Spieler, Gastgeber und Moderator in einer Person. Er hat einen Caller engagiert, dem er später als Dank ein paar Pfund in die Hand drücken wird. Knapp 50 Gäste sind gekommen. So eine Veranstaltung ist knapp kalkuliert. Als Spieler musst du kreativ sein, damit sich der Abend auch finanziell lohnt. So haben Hamilton und seine Freundin, die ihn an diesem Abend unterstützt, nicht nur eine Fotoanlage dabei, mit der das geschossene Foto auch gleich ausgedruckt und signiert werden kann. Sie bieten den Gästen auch an, gegen Hamilton selbst anzutreten, für einen Betrag von 2,50 Pfund. Best-of-3 Legs. Hamilton wird von richtig guten Jungs aus der Super League, der höchsten Spielklasse Englands, herausgefordert. Die wollen sehen, ob sie nicht doch vielleicht eine Chance gegen einen etablierten PDC-Profi haben. Das sind im Vorfeld der Weltmeisterschaft schon ernst zu nehmende Trainingsmatches. Es gibt aber auch Gegner wie mich. Kanonenfutter. Hamilton weiß, er kann spielen, wie er will, er wird dieses Match nicht verlieren. Und darum geht es für den Star des Abends natürlich auch, sich möglichst ungeschlagen zu verabschieden. Wir senden über das Handy per Facebook-Livestream. Über 4000 Zuschauer verfolgen die Partie live. Und die große deutsche Darts-Hoffnung Elmario501 bereitet dem Hammer ernsthafte Probleme. 40 Punkte Rest. Der Mann aus Bergisch Gladbach schaut noch mal kurz in die Kamera, lächelt den 4000 Usern zu. Er wird mit großem Selbstverständnis den Satz sprechen: „Die Doppel-20 ist mein Doppel." Und zack. Der dritte Dart steckt in Tops. Paulke fällt auf die Knie und kann sein Glück nicht fassen. Wenn er später zu diesem denkwürdigen Match gefragt wird, verschweigt er allerdings, dass Hamilton längst die Chance hatte, das Match zu gewinnen. The Hammer wollte den letzten Dart halt im Knien, Liegen, mit dem Rücken zur Scheibe stehend oder sonst wie werfen. Er hing ein Stück Papier vor das Dartboard, um sozusagen blind das Doppel zu treffen. Aber er trifft nicht. Und so steht Andy Hamilton am Ende da wie ein begossener Pudel. Das Lachen des Siegers füllt den gesamten Raum des Pubs. Als Siegprämie gibt es zwei Pints Bier.

Was wir damals nicht gesendet haben, war die gefakte Pressekonferenz nach meinem Sieg über Hamilton. Kollege Moritz Blume und ich waren damals gegen ein Uhr nachts im Hotel angekommen. Als wir auf der Fahrt überlegten, was wir jetzt mit diesem Match anfangen könnten – Paulkes Sieg über den WM-Finalisten von 2012 – kam uns die Idee, eine Pressekonferenz zu inszenieren. Also rückten wir im Empfangsbereich des Hotels Tische zusammen, verschoben Blumentöpfe, stellten Getränke auf den Tisch und eine Pressekonferenz nach, die wir aufzeichneten. Fragen in verschiedener Stimmlage jeweils von Moritz gestellt. Und bei den Antworten schaute ich von links nach rechts, um den Eindruck zu vermitteln, der Konferenzsaal sei gut gefüllt. Nein, wurde und wird nicht gesendet.

Tag 8: Nach Market Drayton zu Stephen Bunting und David Pallett, nach Derby zu Jaime Caven und nach Lowestoft zu Peter Wright

Ein langer, aber auch spannender Tag liegt vor uns. Wir werden England halb durchqueren. Inzwischen haben wir insgesamt über 3000 km zurückgelegt. Um zehn Uhr sind wir mit Stephen Bunting und dem noch etwas unbekannteren David Pallett verabredet. Bunting, Pallett und Ricky Evans reisen häufig gemeinsam zu Turnieren – ein witziges Trio, das zusammen viel Spaß hat. Die drei sind bekannt für ihre lustigen Tweets oder Videos bei denen sie z. B. schon Mal in der Dusche stehen und singen.

David Pallett ist der erste Engländer, der mit Darts eines deutschen Herstellers, denen der Firma BULL'S, spielt. Wir treffen ihn im Zentrum des kleinen Ortes Market Drayton, 45 Autominuten südlich von Stoke-on-Trent. Er bringt uns, zusammen mit seinem Vater, in eine Art Jugendzentrum. Draußen auf dem akkurat gemähten Rasen wird Crockett gespielt. Im eher kleinen Gebäude hängen ziemlich unaufgeregt drei Dartboards, an denen David regelmäßig trainiert, auch jetzt im Vorfeld der Weltmeisterschaft.

Auch Stephen Bunting hat es tatsächlich rechtzeitig geschafft: Er ist am Tag nach seiner Exhibition um fünf Uhr morgens im Süden Englands losgefahren, um dieses Treffen zu ermöglichen. Stephen ist ein bodenständiger, unkomplizierter, freundlicher Typ. Auf mich wirkt er älter als 30. Vielleicht, weil er als BDO-Weltmeister auch schon einiges erlebt hat. Bunting ist in Liverpool geboren. Er ist ein großer Fußballfan und begeistert von der Arbeit des Trainers Jürgen Klopp bei seinem FC Liverpool. Am meisten schätzt er, dass Klopp nach einer Partie zu jedem einzelnen Spieler geht und ihn in den Arm nimmt oder abklatscht. Persönlich hat er ihn noch nicht kennengelernt, zu gerne würde er mit Kloppo auch mal eine Partie Darts spielen. Die 96 an Buntings Hemdkragen steht für das schwere Unglück im April 1989, als 96 Zuschauer bei der Hillsborough-Katastrophe zu Tode kamen. Es passierte beim FA-Cup-Halbfinale zwischen Liverpool und Nottingham. Stephen Bunting war damals gerade mal vier, so alt, wie sein Sohn Toby heute, dessen Namen er sich auf der Spitze seiner Darts hat eingravieren lassen.

Während des Gesprächs lassen wir die beiden High Finishes werfen, sie müssen also Zahlen checken, die höher sind als 100. Groß eingeworfen haben sie sich nicht, vielleicht jeder zehn Aufnahmen. Dann beginnen wir das Interview, und die Vorgabe ist, eine 160 zu checken. Pallett bleibt ohne Treble. Bunting wirft Treble-20, Treble-20, Doppel-20. Er grinst. Keiner auf dem Circuit wirft leichtere Darts als Stephen „The Bullett" Bunting. 12 Gramm wiegen sie gerade mal, weshalb ein hoher Kraftaufwand erforderlich ist. Bunting hat schon oft zu hören bekommen, er solle auf schwerere Darts umsteigen, weil die Belastung für den Arm auf Dauer zu groß sei. Doch mit schwererem Wurfgerät blieb der Erfolg aus, und so spielt er nun wieder die Darts, mit denen er eine tolle erste Saison bei der PDC hinlegte.

Von Market Drayton aus machen wir uns auf den Weg in Richtung Osten. Am Abend sollen wir gegen 20 Uhr an der Ostküste bei Peter Wright und seiner Frau Joanne sein. Sie haben eine Überraschungsparty organisiert. Vorher wollen wir aber noch Jaime „Jabba" Caven in Derby einen Besuch abstatten, einem Mann mit einer unglaublichen Lebensgeschichte. Sein Spitzname Jabba entstand aus dem Wort „jab" – Caven ist Diabetiker und braucht täglich Insulinspritzen oder, wie man im Englischen sagt, *insulin jabs*. Er ist außerdem der einzige Profispieler, der auf einem Auge blind ist. Als er 15 Monate alt war, stach ihn eine Biene ins rechte Auge. Mit 20 Jahren diagnostizierten Ärzte dann einen bösartigen Tumor. Er musste behandelt werden, war monatelang an einen Rollstuhl gefesselt. Sein Sport, Darts, war ihm in diesen schwierigen Zeiten immer eine Stütze. Jamie Caven hat seine Geschichte niedergeschrieben. Sein Buch trägt den Titel *The Way Eye See The Game*. Er hat wirklich viel zu erzählen. Und das Schöne ist, dass er sich trotz aller Schicksalsschläge seine Lebensfreude bewahrt hat. Jamie ist Vater von sieben Kindern. Er hatte bis zu seiner Profikarriere einen Bürojob bei der Stadt und lernte dort seine Frau Debbie kennen. Gebürtig kommt er übrigens aus Leicester. Der überraschende Premier-League-Sieg von Leicester City 2016 bedeutet Caven enorm viel. Gleich nach dem Triumph der Fußballer erklärte er, er werde diese Energie mitnehmen und ein Major gewinnen. So weit ist es allerdings noch nicht gekommen.

Nach meinem fulminanten Erfolg über Andy Hamilton bei der Exhibition in Stoke-on-Trent fordere ich natürlich auch Jamie Caven heraus. Ein einziges Leg, dann ist zumindest so eine Mini-Mini-Chance auf den Sieg vorhanden. Um es kurz zu machen: Jabba checkt die Doppel-20 auf einem Stuhl stehend. Na, spitze.

Rund drei Autostunden sind wir nun von den Wrights entfernt. Wir müssen nach Lowestoft und brauchen länger als geplant. Joanne bombardiert uns mit WhatsApp-Nachrichten. Die Gäste sind schon da. „Was wollt ihr später trinken? Wie lange wollt ihr bleiben? Wann seid ihr losgefahren?" Sie schickt uns ein Foto von ihrem acht Meter großen Weihnachtsbaum. Der steht nicht etwa im, sondern mitten im Wohnzimmer.

Gegen 21.30 Uhr, mit anderthalbstündiger Verspätung, kommen wir irgendwo im Nirgendwo an. Die umgebaute Scheune liegt tatsächlich in der Pampa, der nächste Ort ist zehn Autominuten entfernt. Aber es ist wunderschön. Geschwister, Nachbarn, Eltern und Freunde empfangen uns herzlich. Peter öffnete die Tür, und alle Gäste stehen um den Baum herum. Jeder trägt einen dieser geschmacklosen Weihnachtspullis, die ja auch im Ally Pally absolute

Pflicht sind. Einer der Nachbarn ist als Weihnachtsmann verkleidet. Er steht derart hölzern im Raum, dass man zunächst tatsächlich denkt, es sei eine Puppe. Als Peter mich auffordert, in die Hände zu klatschen, gibt der Weihnachtsmann auf Kommando ein „Hohohoho" von sich, nur um gleich darauf wieder zu erstarren. Joanne lacht sich schlapp. Das war ihre Idee. Solche Späße sind typisch im Hause Wright.

Die Party der Wrights ist auch deshalb so nett, weil alles sehr unverkrampft ist. Ganz bodenständige, lustige Gäste, eine Menge Kinder, und natürlich wird dann auch Darts gespielt. Peter war am Abend vorher noch auf einer Exhibition. Er schaut zu, gibt jedem einen Spruch mit, der nicht das erwünschte Feld trifft. Und als Kollege Moritz Blume dann 136 Punkte Rest hat und Peter fragt, ob er die nicht kurz checken könne, nimmt Snakebite die fremden Darts, um T20, D18, D20 zu werfen. Na bitte. Das Match, das über die Bettwahl entscheidet, gewinne selbstverständlich ich. Moritz muss auf die Couch, ich schlafe in so einem Pornobett: 160 cm breit, weißes Leder, Plüschkissen – ein Traum.

Hier leben also Joanne und Peter Wright mit ihren beiden Kindern. Sie erfüllten sich damals einen Traum und kauften eine umgebaute Scheune auf einem recht großen Grundstück mit Teich, Grillplatz inklusive Grillhütte und einem traumhaften Blick über weite Felder. Peter und Joanne haben ihr Anwesen mit jedem Jahr weiter ausgebaut. Sobald Peter gute Resultate einfuhr und damit verbunden natürlich auch Preisgeld, wurde angebaut oder eingekauft. Peter wollte beispielsweise immer einen Hochsitz haben, von dem der Blick in die Landschaft noch imposanter ist. Dort relaxt er inzwischen am allerliebsten. Die große Küche wurde nach der WM-Teilnahme 2014, nach dem 4:7 im Finale gegen Michael van Gerwen, gekauft. Damals kassierte Wright ein Preisgeld von 120.000 Pfund. Die Tischplatte in der Küche ist eine vom Schreiner bearbeitete Scheibe Holz aus einem uralten Baum der Gegend, die die Wrights vor Jahren günstig gekauft hatten. Sie wussten immer, dass dies mal die Tischplatte der Küche würde. Heute schnibbelt dort vor allem Peter das Gemüse. Er bindet sich eine Schürze um und hat die Ruhe weg. Der Schotte kocht zwar nicht täglich, dafür aber mit großer Leidenschaft.

Auf dem Grundstück der Wrights stehen mehrere Minischeunen, in einer davon ist ein kleiner Fitnessraum eingebaut. Eine Zeit lang nutzte Peter den Fitnessraum tatsächlich, inzwischen verraten ein paar Staubfäden, dass da aktuell nicht viel passiert. Dort, wo normalerweise Autos untergestellt würden, liegt unterschiedlichster Kram, irgendwie aufeinandergestapelt, kopfhoch. Autofahren kann und darf ohnehin nur Joanne. Peter hat keinen Führerschein, was ihn überhaupt nicht stört. Vor der hinteren Sitzreihe des älteren Chevrolet Suburban sind TV-Monitore eingebaut. Snakebite ist ein TV-Junkie. Er schaut nicht nur zu Hause viele Stunden am Tag fern, sondern auch auf Reisen, am liebsten Zeichentrickfilme, Serien oder Sportübertragungen. Im Wohnzimmer steht so ein Monster-Fernseher. Eines dieser supermodernen Geräte mit gebogenem Bildschirm. Dennoch wirkt der Raum durch das viele Holz und all die Verstrebungen sehr gemütlich, und der Fernseher fällt kaum auf, denn das Wohnzimmer hat eine geschätzte Größe von 50 qm und wirkt durch die 9 m hohe Decke noch größer. Eine mächtige Couch vor dem Fernseher, ein Holzesstisch für zwölf Personen, zwei Feueröfen, und dennoch wirkt nichts zugestellt. So passt denn auch der acht Meter hohe Weihnachtsbaum tatsächlich wunderbar hinein. Peter hat ihn zusammen mit Freunden dort aufgebaut. Und er hat ihn selbst geschmückt, stundenlang. Das gehört für Snakebite zu Weihnachten wie die Weltmeisterschaft. Seit letztem Jahr verstärkt der Weihnachtsschmuck von Joannes Mutter den Eindruck, man wäre auf einem Weihnachtsmarkt. Es blinkt wie in einem Wunderland für Kinder.

Wenn Peter Wright nicht auf Turnierreise oder anderweitig beruflich unterwegs ist, genießt er es einfach, zu Hause zu sein. Er geht kaum aus, bräuchte durch die Lage des Hauses für jede Unternehmung, für jeden kleinen Einkauf ja auch ein Auto, also jemanden, der ihn kutschiert. Aber das möchte er gar nicht. Wohl auch, weil er durch seinen Beruf so verdammt viel reist, rund 250 Tage im Jahr. Zu Hause trainiert er, kocht oder schraubt irgendwelche Sachen zusammen. Selbst die Beleuchtung für sein Traininigs-Dartboard hat er selbst geschweißt. Er hatte diese LED-Licht-Konstruktion von der Firma Target gesehen und nachgebaut, denn da er mit Darts der Firma Red Dragon spielt, wollte er keine Beleuchtung von der Konkurrenz. Jetzt ist aus dem runden Vorbild eine eckige Variante in Peters Arbeitszimmer geworden. Auch in diesem Raum stehen verschiedenste Sachen herum: Bilder, drei SPORT1-Phrasenschweine, Samurai-Schwerter, Dartboards und weiß der Teufel was noch. Doch trotz des ganzen Krams ist es irgendwie nicht unordentlich. Man merkt, hier lebt jemand, der einfach ungerne Mitbringsel und Geschenke wegwirft. Er legt sie lieber in ein Regal und schaut, ob er sie nicht später noch verwenden oder aufhängen kann. Viel Abstellfläche bietet dieser gut 20 qm große Raum nicht mehr. Peter ist das egal, er kramt gerne.

Tag 9: Abschied von den Wrights, nach Aldershot zu James Wade

Da wir uns am nächsten Morgen erst für zehn Uhr zum Frühstück verabredet haben, gehe ich noch eine Runde joggen. Peter zeigt uns später sein Grundstück, all die Scheunen und natürlich auch seine elf Hühner. Er hatte abends bereits angekündigt, dass es am Morgen die besten Eier der Welt geben werde. Wie sich Peter Wright in seiner Jogginghose mit den Hühnern unterhält und ihnen die Eier klaut, spricht Bände. Als ich ihn frage, ob wir überall, auch im Haus drehen dürften, antwortete er zuerst: „Ja klar, mach das." Um kurz darauf zu ergänzen: „Frag bitte Joanne. Sie ist der Boss!" Und dann lacht Peter Wright, weil es für ihn o.k. ist, dass seine Frau der Boss ist, dann muss er nämlich weniger entscheiden. Joanne hatte ebenfalls kein Problem mit Aufnahmen im Haus. Das Einzige, was sie nicht wollte, waren Bilder aus dem Schlafzimmer. Dabei hängen dort all die Outfits, die Peter auf Turnieren trägt. Aber so ist das manchmal, kleine Niederlagen gehören dazu. Eines dieser Outfits hatte uns Peter für eine Charity-Aktion mitgegeben. Snakebite trägt ein Outfit auf der Bühne vor TV-Kameras ja niemals ein zweites Mal. Für jede Partie ein anderes Design. Wir zeichnen wegen der Charity-Aktion einen kleinen Aufsager auf, mit kurzer Frage an Peter Wright zu diesem Outfit. Er behauptet, er habe es in Deutschland bei den European Darts Championship getragen. Und da grätscht Joanne gleich rein und meint, es sei aus der Premier League und zwar von seinem allerersten Premier League Match gegen Wes Newton. Peter widerspricht. Kurzes Hin und Her. Joanne hat natürlich recht. Sie kramt ein Foto hervor und liefert den Beweis.

Peter und Joanne, sind ein gutes Team, weil sie sich ergänzen. Er bringt die Lockerheit mit, die man ja auch auf der Bühne erlebt, wenn er seinen Walk-on zelebriert oder sich in wichtigen Momenten mal eben zum Publikum wendet, um mehr Unterstützung für ein mögliches High Finish zu bekommen. Joanne dagegen ist die Managerin, die alles organisiert, sich um Werbedeals kümmert, die Anfang des Jahres auch die Idee für das eigene Klamottendesign umgesetzt hat. Sie kann auch streng sein und sagt geradeheraus, wenn ihr etwas nicht passt. Die beiden kennen sich seit vielen, vielen Jahre. Sie waren Anfang der 90er-Jahre mal ein Paar, trennten sich, um nach 13 Jahren dann doch zu heiraten und eine Familie zu gründen.

Peter ist in der Nähe der schottischen Hauptstadt Edinburgh geboren, in der Grafschaft West Lothian, in Livingston. Weil sich seine Eltern früh trennten, zog er mit seiner Mutter als Kleinkind nach England. Wegen unterschiedlichster Verpflichtungen der Mutter blieben die Wrights nie lange an einem Ort. Eine Zeit lang lebten sie auch außerhalb Großbritanniens, in Tschechien. Bis Snakebite sich auf die Einnahmen seiner Darts-Profikarriere verlassen konnte, arbeitete er in einer Autowerkstatt, montierte Auspuffanlagen und Reifen. 1995 nahm Peter – damals übrigens noch mit dunklem, nicht gefärbten Haar – zum ersten Mal an der BDO-Weltmeisterschaft teil und verlor gleich in der ersten Runde gegen den späteren Weltmeister Richie Burnett aus Wales. Bis 2005 spielte er dann nur sporadisch Profiturniere, beschränkte sich auf lokale Dartsligen oder andere Pub-Turniere. Drei Jahre später startete der Schotte den zweiten ernsthaften Versuch, bei den Profis Fuß zu fassen. Er wechselte zur PDC, erreichte 2009 in Las Vegas sein erstes Halbfinale auf der Pro Tour. 2010 spielte er seine erste PDC-Weltmeisterschaft, doch so richtig Fahrt nahm seine Karriere erst im Jahr 2013 auf. Das war das Jahr, in dem Joanne ihrem Mann klipp und klar sagte, dass er die Darts an den Nagel hängen müsse, wenn nicht bald der Erfolg käme, weil die Familie von den damaligen Einnahmen nicht leben konnte. Das zeigte Wirkung: Peter schaffte es in der WM 2014 bis ins Finale und stürmte in die Top 10. Mit dem Preisgeld wurden nicht nur die Küche und ein gebrauchtes Auto gekauft, sondern auch der Grundstein für bessere Zeiten gelegt. Wright begriff schnell, dass er sich auf diesem Erfolg nicht ausruhen durfte. Er ist einer der wenigen Profis, die kaum Exhibitions spielen, weil er so einen Showauftritt nicht als echtes Training ansieht. Sein klares Ziel ist Weltranglistenplatz eins, doch bislang ist vor allem Kollege Michael van Gerwen zu mächtig.

Für Wright bedeutet das, noch mehr, noch professioneller zu trainieren. Er hat an seinem Practiceboard drei Kameras installiert, um kleinste Unterschiede in den Bewegungsabläufen zu analysieren. Besonders bei längeren Trainingssessions können sich Ungenauigkeiten einschleichen, die durch leicht veränderte Bewegungsabläufe verursacht werden. Daran feilt Snakebite und will sich auf diese Weise um die letzten paar Prozent verbessern. Denn darum geht es bei den Top-10-Spielern: die letzten Prozent herauszukitzeln, den kleinen Deut besser zu sein als der Gegner. Lange Zeit trainierte Peter Wright besonders viel mit Mervyn King. Inzwischen verbringt er auch aufgrund der abgeschiedenen Wohnlage viel Zeit alleine am Practiceboard. Gerade im Vorfeld der Weltmeisterschaft hat er stundenlang an seinem Spiel gearbeitet – bis zu acht Stunden täglich, aufgeteilt in zwei Sessions. Es ist gar nicht einfach, so viele Stunden konzentriert alleine am Board zu stehen, weil Dartstraining irgendwann auch stupide wird. Natürlich gibt es verschiedene Übungen, die ein bisschen Abwechslung bringen, aber letztlich werden auch eine Menge Standardübungen abgearbeitet, die immer wieder Teil jedes Trainings sein müssen: das Treffen der Doppelfelder zum Beispiel, da führt kein Weg dran vorbei. Der Vorteil eines Trainings zu zweit liegt darin, dass immer wieder matchähnliche Drucksituationen geschaffen werden. Für Snakebite sind diese nicht ausschlaggebend. Er mag es, unabhängig seinen eigenen Trainingsplan zu verfolgen.

Wenn Peter und Joanne wieder auf Tour gehen, bleiben die beiden 13 und 16 Jahre alten Kinder mit der Nanny zu Hause. Wobei die ältere Tochter Naomi inzwischen auch häufiger bei Turnieren mit dabei ist. Sie hatte ja auch die Idee, dass ihr Vater sich die Haare bunt färben solle. Die Idee entstand, als Naomi selber begann, ihre Haare zu färben. Inzwischen sind gefärbte Haare zum Markenzeichen der gesamten Familie geworden, nur Sohn Tristan läuft weiterhin so rum, wie von der Natur vorgesehen. Auch Snakebites Outfit ist ein Kunstwerk. Vor allem jetzt, da Joanne für das Design verantwortlich ist. Bis zur Weltmeisterschaft 2016 hatte diesbezüglich alleine die amerikanische Firma Loudmouth das Sagen, eine Modemarke, die bei vielen Promis beliebt ist und verschiedenen Sportarten ihren bunten Stempel aufdrückt. Vor allem im Golf. 2009 war das Unikum John Daly der Erste, der mit verrückten Hosen über die Fairways der Profitour lief. 2010 ließ sich das norwegische Curlingteam für die quietschbunte Kollektion begeistern. Dennis Rodman, Alice Cooper, Bill Murray sind nur ein paar amerikanische Celebrities, die die schrägen Loudmouth-Outfits ansprechen. Und Peter Wright eben. Weil Joanne keinen Einfluss auf das Design der Modelle nehmen durfte, aber viele Ideen hatte, von denen sie sehr überzeugt war, wurde der Vertrag mit Loudmouth zu neuen Konditionen verlängert. Während unseres Besuchs zeigte mir Joanne bereits die neuen Hosen- und Shirtmodelle. Ich musste ihr aber versprechen, während der WM-Übertragung 2015 kein Wort darüber zu verlieren, denn sie mussten und wollten den bestehenden Vertrag korrekt erfüllen. Seit Januar 2016 darf sich Joanne kreativ austoben. Sie versucht inzwischen, das Design der Kleidung mit der Frisur in Einklang zu bringen. Das Gesamtkunstwerk beginnt also tatsächlich mit den Mantaletten (Cowboystiefeln) im Schlangenhaut-Design und endet mit dem Schlangenkopf auf der linken Kopfseite. Und nein, der ist nicht tätowiert, das bin ich immer wieder gefragt worden. Joanne legt beim Haaremachen einfach eine Schablone auf und malt oder sprüht den Schlangenkopf auf das Haar. Das kostet übrigens so viel Geld, dass sich die Wrights entschieden haben, diesen Snakebite-Kopf nur bei TV-Übertragungen auf Peters Haupt zu malen. Auf der Pro Tour und damit auch der European Tour sind die Haare zwar schön bunt, aber halt ohne Schlangenkopf.

Snakebite klaut an diesem Morgen vier Eier aus dem Hühnerstall. Sie sind tatsächlich ungewöhnlich gut. Das Eigelb ist heller, sie schmecken irgendwie intensiver. Es wird so eine Art Sandwich geben mit Speck, HP-Sauce (einer Würzsauce aus Tamarinden) und in Essigwasser gekochtem Spiegelei. Das Frühstück à la Snakebite wird das Beste dieser gesamten Tour sein. Als uns die Wrights dann gegen 11 Uhr zum Auto begleiten und verabschieden, drückt uns Joanne noch ein Doggybag in die Hand, eine Tüte mit zwei weiteren Sandwiches für die Fahrt. Und außerdem sollen wir jeweils vier Eier für unsere letzten beiden Besuche mitnehmen, zu James Wade und Paul Nicholson. Gerade Nicholson wird begeistert sein, er ernährt sich nämlich sehr bewusst.

Es geht weiter nach Aldershot, in den Südwesten Londons. Hier, in seinem Geburtsort, lebt James Wade mit seiner Frau Sammi Marsh-Wade. Weil James Wade ein Typ mit mehreren Gesichtern ist, bin ich auf dieses Treffen besonders gespannt. Ich kenne ihn natürlich durch den Small Talk bei Turnieren, privat hatte ich aber nie mit ihm zu tun. Da Sammi, die 2015 zum wiederholten Mal den London-Marathon gelaufen ist, während European-Tour-Events immer wieder mit uns joggen war, hatte ich diesen Besuch mit ihr schon frühzeitig klargemacht. Sie war von Anfang an begeistert von der Idee der Road to Ally Pally. Wir haben uns für 15 Uhr angekündigt.

Im Stadtgebiet von London zu leben ist teuer. Fährst du 30 km weiter, halbieren sich die Häuser- und Mietpreise. Sammi und James leben in einem Neubau, komplett anders als die Wrights. Ein Haus mit rund 140 qm Wohnfläche. Wir haben Schwierigkeiten, das Haus zu finden, weil keine Hausnummer angebracht ist. Sammi lotst uns per Handy und wartet bereits mit einem Lachen an der Tür. James sitzt mit Shorts im Wohnzimmer und schaut fern. Das Haus ist eher modern eingerichtet. Sie haben eine offene Küche im amerikanischen Stil mit Theke. Am Anfang redet nur Sammi; es dauert eine Weile, bis James „The Machine" Wade sich an uns gewöhnt hat. Aber plötzlich taut er auf. Erzählt über private Dinge, seine Oldtimer, die er uns gerne zeigen möchte. Führt uns über die Gartenterrasse in sein Büro: ein größerer Raum mit kleiner Bar und einem Dartboard, alles ziemlich schick und edel. Er nimmt kurz drei Darts in die Hand, wirft schnell eine 140 und grinst. Die Terrasse ist voller Dachlatten. An die ist Wade extrem günstig herangekommen und weiß noch nicht, was er damit machen soll. „Braucht ihr nicht welche?", fragt er lachend.

James Wade ist ein ganz eigener Typ. Wer ihn nicht kennt, hält ihn leicht für arrogant. Doch wer mit ihm ein paar Stunden verbringt, merkt, dass er gesellig ist, nicht aufgesetzt, geradeheraus. Er sagt, was er denkt, auch wenn es manchmal unangenehm sein kann. Das ist ihm ja auch schon bei der PDC zum Verhängnis geworden. Dass Wade 2014 als Nummer fünf der Welt keine Wild Card für die Premier League erhielt, lag weniger an seinen sportlichen Qualitäten oder seinem Verhalten auf der Bühne, sondern daran, dass er in Gesprächen mit PDC-Verantwortlichen nicht immer die richtigen Worte gewählt hatte. Ich glaube, so darf man das formulieren. Die PDC verpasste ihm einen Denkzettel. Und Wade dachte nach – über sich und seine Karriere. Welchen Stellenwert hat Darts für mich? Schätze ich das Leben als Profispieler ausreichend oder nehme ich die meisten Dinge als selbstverständlich hin? The Machine kehrte gereift aus dieser Zwangspause zurück und hat heute viel mehr Freude und Spaß an seinem Beruf.

Wade leidet an Depressionen, wozu er sich seit einigen Jahren auch öffentlich bekennt. Wer davon wusste, hatte teilweise in Matches den Eindruck, dass er eher mit sich selbst rang als mit dem Gegner. Dass solche Matches in den letzten zwei Jahren nur noch die Ausnahme sind, ist zu einem wesentlichen Teil seiner Frau Sammi zu verdanken. Seit sie an seiner Seite ist, kommt es einem vor, als säße die Sonne gleich neben ihm. James hat häufig, auch bei offiziellen Anlässen, seiner Frau für die Unterstützung gedankt. Sie reist nicht nur zu jedem wichtigen Turnier mit, sondern hilft auch im Management. Im Sommer 2015 haben die beiden geheiratet. Ein großes Fest, viele Gäste, weil James es so wollte. Er ist ein Romantiker – auch das würde man auf den ersten Blick nicht vermuten.

Es geht zu den Oldtimern. Wade nimmt mich in seinem Porsche Cayenne mit. Er redet viel über die Tour. Dass Dave Chisnall ein feiner Kerl ist. Er spricht über die besonderen Duelle mit Adrian Lewis, den er privat wirklich mag, mit dem es aber auf der Bühne schon einige Reibereien gab. Vor allem beim WM-Halbfinale 2012. Da führte Wade bereits 5:1 in Sätzen, und plötzlich gab es eine

Luftbewegung. Niemand wusste, woher dieser leichte Windzug kam. Erst viel später stellte man fest, dass jemand eine Tür im Keller des riesigen Alexandra Palace offengelassen hatte. Das Match wurde unterbrochen. Lewis tat wohl so, als wenn James diese Unterbrechung gefordert hatte. Dabei war es laut Wade genau umgekehrt. Das machte Wade so wütend, dass er sich nicht mehr auf das Spiel konzentrieren konnte. Er verlor zehn Legs nacheinander und ließ eine unfassbar gute Möglichkeit verstreichen, zum ersten Mal in ein WM-Finale einzuziehen.

Wegen des Berufsverkehrs brauchen wir eine halbe Stunde, um zu Wades Oldtimern zu kommen. Wade ist das egal, er ist entspannt und stolz, seine Autos zu zeigen. Sie stehen in der Garage einer Firma, deren Adresse nur die Menschen kennen, die ihr wertvolles Auto dort parken. So möchte man Diebstahl verhindern. Mindestens 40 exklusive Oldtimer stehen dort: alte Ferraris, Porsches, Jaguars, Mercedes-Modelle – und eben auch die beiden Ford Sierra RS500 Cosworths von James Wade, zwei ehemalige Rennwagen. Dafür hat er richtig viel Geld bezahlt. Wade ist gelernter KFZ-Mechaniker, genauso wie sein Vater, von dem er auch seine Leidenschaft für Autos hat. Der Ford Sierra RS500 Cosworth war Ende der 80er-, Anfang der 1990er-Jahre einer der besten Touren-Rennwagen Englands überhaupt. Es gibt nicht mehr viele dieser Fahrzeuge, 500 wurden insgesamt nur hergestellt. Und es ist vor allem eines der wenigen Rennautos, die für die Straße zugelassen sind. James hatte als Kind oder Jugendlicher immer davon geträumt, ein solches Auto zu besitzen. Seine Augen glänzen, wenn er davon erzählt. Bis heute schraubt Wade gerne an Autos, auch wenn er 2006 Dartsprofi wurde und seinen gelernten Beruf an den Nagel hängte. Autos sind sein Hobby. Er dreht auf einem kleinen Platz ein paar Runden. Es wird laut, die Reifen drehen durch, es qualmt. James ist in seinem Element. Als er 2015 seine Sammi heiratete, war klar, dass der Ford Cosworth das Hochzeitsauto sein würde. Und was passierte? Die Antriebswelle war plötzlich Schrott. Hektik kam auf. Aber wofür hat man schließlich zwei Boliden? Wade will seinen Rennwagen dann mit nach Hause nehmen. Ich soll den Porsche Cayenne fahren. Natürlich kein Problem, auch wenn ich lange nicht mehr rechts am Steuer saß. Dennoch passiert beinahe das, was ich mir die ganze Fahrt über immer wieder ausmale: Stell dir vor, du fährst Wade mit seinem Porsche hinten in den Cosworth. Himmel, wäre das peinlich gewesen. Und tatsächlich knallt es wenige Minuten später. Ein angetrunkener Brite fährt Moritz hinten in unseren Ally-Pally-Bus. James bittet mich, bei den Autos zu bleiben, läuft schnell zu Moritz, um zu helfen. Später wiederholt er immer wieder, dass er nicht glauben kann, dass sie den Typen nicht haben pusten lassen. Wade selbst fordert das deshalb nicht, weil er sich unsicher ist, ob Moritz Alkohol konsumiert hatte. Natürlich nicht! Es ist 18 Uhr und wir sind mitten bei in Arbeit. Polizei kommt, die Personalien werden aufgenommen. Erstaunlicherweise ist James dieser Auffahrunfall total peinlich, er entschuldigte sich immer wieder für etwas, wofür er ja gar nichts kann. Dass dieser Unfall auf der Fahrt von seinen Oldtimern zum Haus passierte, bereitet ihm wirklich Kummer.

Zusammen mit Sammi gehen wir später noch gemeinsam zum Chinesen essen, und James besteht darauf, uns einzuladen. Da auf der Speisekarte vieles für uns neu ist, bestellt James, und er mag es scharf. Dabei erzählt er eine Anekdote aus Dublin. Dort gibt es ein Restaurant, das mit der Schärfe seiner Gerichte wirbt. Im letzten Jahr trafen sich dort die Spieler sozusagen zur Mutprobe. Das war selbst Wade zu viel. Es ist ein netter Abend, an dem viel gelacht wird. Am Thema Auto gibt es kein Vorbeikommen. Sammi erzählt, dass sie die Zeiten als Walk-on-Girl nicht sonderlich vermisst. Beide sind aber auch an privaten Dingen interessiert, fragen viel. Und das meine ich positiv. Es gibt nicht wenige Promis, die gar nicht merken, dass sie nur von sich selbst erzählen. Die Wades haben Interesse an ihren Tischnachbarn, sind aufmerksam und wollen natürlich einiges über Darts in Deutschland wissen. Eines steht fest: Sollten wir die Road to Ally Pally im nächsten Jahr wiederholen, müssen wir bei den Wades übernachten, das haben wir ihnen versprochen. Auch an diesem Abend fragt vor allem James zwei, drei Mal nach, ob wir nicht ihre Gäste sein möchten. Dann könnten wir gleich am nächsten Morgen das Auto checken lassen. Doch wir lehnen dankend ab, denn unser Hotel ist nur wenige Meilen entfernt und wir müssen abends noch an unserer Reportage schneiden. Der Übernachtungsbesuch bei den Wades wird auf das nächste Jahr verschoben.

Tag 10: Nach Crawley zu Paul Nicholson

James holt uns am nächsten Morgen am Hotel ab. Wir fahren zur Werkstatt seines Kumpels, der uns die abstehende Stoßstange ans Blech schraubt. Insgesamt ist der Schaden zu groß, um ihn gleich zu reparieren. Es müssten Ersatzteile bestellt werden, das würde alles zusammen einige Tage dauern. Dafür haben wir keine Zeit, denn Paul Nicholson wartet schon auf uns.

Mit Nicholson treffen wir den einzigen Spieler auf unserer Reise, der sich nicht für die WM qualifizieren konnte. Und das zum ersten Mal seit Jahren. Er wohnt nicht weit entfernt von den Wades, in Crawley, einem Randbezirk Londons. Zusammen mit seiner Freundin lebt der 37-Jährige in der Dachgeschosswohnung eines Mehrfamilienhauses. Die Wohnung ist blitzeblank. Auch wenn er uns nicht direkt darum bittet, merkt man Nicholson an, dass er es nicht schlecht fände, wenn wir die Schuhe im Flur ausziehen würden. Er mag Ordnung, mag es sauber. Diesen Ruf hat er auch auf der Tour weg. Wer sich mit ihm ein Zimmer teilt, weiß das. Obwohl die Wohnung gar nicht so groß ist, hat sie Platz, weil sich nur wenige Sachen in ihr befinden. Nicholson macht das bewusst, er hat all das rausgeschmissen, was er nicht mehr braucht. The Asset glaubt daran, dass weniger Gegenstände, weniger Besitz einen glücklicher machen. Ein heller Teppich, Esstisch, Sofa, Fernseher und ein kleines Regal – das war's. Auf dem Esstisch hat er kleine Sandwiches vorbereitet. Alles akkurat hergerichtet. Und dann erzählt er von den vergangenen Monaten, in denen es beruflich alles andere als gut für ihn lief. Nicht bei der WM dabei zu sein, ist ein kleiner Schock. Es verdeutlicht, dass man mitten in der Krise steckt. Er gehört nicht mehr zu den Top 50, er, der ehemalige Top-10-Spieler. Um wieder Selbstvertrauen zu gewinnen, spielt er Pub-Turniere, kleine Veranstaltungen, bei denen es ein paar Hundert Pfund zu verdienen gibt. Das Gefühl des Gewinnenkönnens muss wieder entstehen.

Paul erzählt bei unserem Treffen ausführlich über sein Bad-Guy-Image, das ihm in dieser sportlich schwierigen Zeit zum Verhängnis wird. Die Idee, diese Rolle auf dem Circuit anzunehmen, entstand vor einigen Jahren und ist auf dem Mist eines australischen Freundes gewachsen. Nach dem Bad Boy Peter Manley keine Rolle bei der PDC mehr spielte, sich nicht mehr für TV-Events qualifizieren konnte, übernahm Nicholson dessen Part. Er glaubte, mental stark genug zu sein, um mit einem solchen Image leben zu können. Die Buhrufe gehörten zu seinem Walk-on wie seine Musik: „Club Foot" von Kasabian. Die Sonnenbrille darf bis heute nicht fehlen. Und zunächst funktionierte es. Nicholson war erfolgreich, gewann 2010 die Players Championship Finals, schlug mit Priestley, Beaton, Lewis und Taylor vier heutige Weltmeister nacheinander. Im Finale setzte er sich gegen Mervyn King durch, kassierte 60.000 Pfund Preisgeld. Den Fans, die ja normalerweise alle Spieler feiern, gefiel es, dass sie einen Spieler mal nach Herzenslust ausbuhen durften. Und je lauter die Pfiffe, desto breiter war das Grinsen im Gesicht des in Großbritannien geborenen Australiers. Nicholson forderte in Interviews sogar Taylor heraus. Es passierte eigentlich immer etwas

Kontroverses, sobald The Asset involviert war. Dann kam die sportliche Krise. Mit ihr ging die Lockerheit, die Leichtigkeit verloren. Über die Buhrufe konnte Nicholson plötzlich nicht mehr lachen, er nahm sie persönlich. Und so fühlte er sich gerade auf den großen Bühnen immer unwohler, auch weil er spürte, dass er erneut versagen würde.

Paul hat verschiedene Dinge ausprobiert, um dagegen anzukämpfen. Er vergöttert beinah CM Punk, einen ehemaligen amerikanischen Wrestler, der den sogenannten Straight-Edge-Lifestyle verkörpert. Wer diesem Lifestyle folgt, ist ein „Straight Edger". Symbol des Lebensstils ist ein X auf dem Handrücken, mit dem auch Nicholson Darts spielte. Es steht für Geradlinigkeit, für den Verzicht auf Drogen und Alkohol. Paul Nicholson kam zeitweise als Straight Edger auf die Bühne und kniete sich zunächst mal für ein paar Sekunden hin. Eine einzige Inszenierung. Geholfen hat sie ihm am Ende wenig. Paul Nicholson ist jemand, der sich viele Gedanken macht. Übers Leben, seine Karriere, über Kollegen, sein eigenes Spiel. Für einen Profisportler ist so etwas häufig hinderlich, weil du dich damit ja auch immer wieder selbst hinterfragst. Dabei ein starkes Selbstvertrauen aufzubauen, ist schwierig. Er ist ein netter Kerl und auch ein interessanter Gesprächspartner, hat zu vielen Dingen eine eigene Meinung. Ich drücke ihm die Daumen, dass er auf der Profitour nochmal die Kurve kriegt. Typen wie Nicholson tun der PDC gut.

Wir sind in London, am Ziel unserer Reise. Am Abend checken wir in Kings Cross im Spielerhotel ein. Morgen werden wir zum Alexandra Palace fahren. In den letzten zwei Tagen vor der WM müssen wir wegen der Reportage Überstunden schieben. Moritz schneidet, was das Zeug hält. Ich fahre am nächsten Vormittag noch mal in die Innenstadt, weil ich mir einen dieser geschmacklosen Weihnachtspullis kaufen möchte. Am Nachmittag drehen wir im Ally Pally. Einen Tag vor Beginn der Weltmeisterschaft ist dort noch einiges zu tun. Immerhin: Die Bühne steht, das Licht wird aufgebaut. Noch fehlen Tische und Stühle. Man hat die Bühne an einer anderen Seite der West Hall aufgestellt und konnte dadurch die Kapazität auf 3500 Zuschauer vergrößern. Ein letzter Aufsager für die Reportage. Wir schneiden diesen 22 Minuten langen Film bis morgens um fünf. Um 5.30 Uhr spreche ich den Text ein. Weil der Ton dort etwas besser klingt, sitze ich dabei auf der Toilette. Ein Bild für die Götter. Doch zum Lachen ist uns ehrlich gesagt nicht zumute. Wir sind platt. Dabei geht die WM morgen erst los. In den nächsten 17 Tagen warten rund 90 Stunden Livekommentar auf mich.

Check-Out

Es ist viel passiert in den letzten zwölf Jahren, seit ich mich mit Darts beschäftige. Dabei denke ich nicht nur an die Gesamtentwicklung von Darts in Deutschland, sondern auch an zahlreiche einzelne Momente, die ich nie vergessen werde. Der allererste 9-Darter live im deutschen Fernsehen zum Beispiel, auf den wir rund anderthalb Jahre warteten, bis endlich Raymond van Barneveld am 23. März 2006 das Kunststück in der Premier League in Bournemouth vollbrachte. Das war auch gleichzeitig van Barnevelds erster 9-Darter im TV überhaupt und somit auch für ihn etwas Besonderes. Oder die 17 perfekten Darts von Michael van Gerwen im WM-Halbfinale 2013 gegen James Wade. Roland Scholten und ich sind damals auch ganz schön aus dem Sattel gegangen. Ich brauchte ein paar Sekunden, um überhaupt zu realisieren, dass dieser van Gerwen nach seinen neun perfekten Darts einfach weitermachte. Oder auch Max Hopps WM-Sieg 2015 als erster deutscher Nachwuchsspieler. Gerade zu Max habe ich in den letzten Jahren ein vertrauensvolles Verhältnis aufgebaut; seine Erfolge bereiten auch mir viel Freude, weil man ziemlich nah miterlebt, wie sehr er sich den Erfolgt wünscht, wie viel er darin investiert. Und natürlich das WM-Finale 2007. Diese legendäre Schlacht zwischen Phil Taylor und Raymond van Barneveld, die für viele das beste Match aller Zeiten ist. Immer wieder schreiben mir Zuschauer, dass diese Partie der Auslöser, der Beginn ihrer Darts-Leidenschaft war. In diesem Match steckte so ziemlich alles, was den Dartssport so aufregend machen kann: ein erstklassiges Niveau, Barneys tolle Aufholjagd, nachdem er mit 0:3 Sätzen zurücklag, ein Sudden Death Leg, eine Situation, die anschließend zur Regeländerung führte (als van Barneveld beim Ausbullen einfach seinen Dart auf Taylors legte). Und all dies eingebettet in die Taylor-van-Barneveld-Story: Der Niederländer, der Anfang des Jahres zur PDC wechselte, um The Power herauszufordern. Und dann kommt es tatsächlich zum Aufeinandertreffen im WM-Finale.

Besondere Momente gab es für mich aber nicht nur durch außergewöhnliche Leistungen während einer Partie. Teilweise waren das auch einzelne Gespräche mit Spielern, die mit ungewöhnlicher Offenheit geführt wurden. Oder das „Meet the Power"-Event im Kunstpark-Ost in München 2006. Wäre diese Veranstaltung gescheitert, würden wir wahrscheinlich bis heute auf große Dartsturniere in Deutschland warten. Düsseldorf 2011, die European Darts Championship. Damals wurde Werner von Moltke und mir, die oft gemeinsam überlegt und geplant hatten, eindrucksvoll bestätigt, dass Darts in Deutschland funktioniert. Das war ein wunderbares Gefühl, weil wir immer davon überzeugt gewesen waren. Oder natürlich auch meine erste Begegnung mit Phil Taylor in München. Wenn man viel über einen Menschen liest und sich intensiv mit seiner Karriere beschäftigt, ist es etwas Besonderes, ihn dann auch mal persönlich kennenzulernen. Die herzliche Einladung der Familie Wright auf unserer Road to Ally Pally. Die Chance, James Wade zu Hause mal ganz anders zu erleben als auf dem Circuit.

Gab es einen bestimmten Moment, der mir die Augen öffnete, nach dem ich wusste, es hat mich gepackt? Nein, den gab es nicht. Es war mehr ein schleichender Prozess, den ich übrigens bei vielen feststelle, die beginnen, sich für Darts zu interessieren. Das Verrückte ist, es lässt dich dann irgendwann tatsächlich nicht mehr los. Das haben mir anfangs einige Freaks vorhergesagt. Ich habe ihnen nicht geglaubt. Und wurde glücklicherweise eines Besseren belehrt. Game on!